# Essen

## Stadt der Kultur, europäische Metropole, lebenswerte Heimat



### Liebe Leserin, lieber Leser,

als die Politiker in den Sechzigern den „blauen Himmel über der Ruhr“ versprachen, haben viele Essener nicht schlecht gelacht. Das war vor 40 Jahren, im Zentrum des Ruhrgebiets, unvorstellbar. Doch heute scheint die Sonne hier tatsächlich nicht seltener als anderswo. Die größte Industriemetropole Deutschlands hat einen einzigartigen Struktur- und Bedeutungswandel bewältigt und steht wohl gerüstet für die Zukunft da.

Essen ist eine der bedeutendsten Städte Deutschlands und doch als Reiseziel so gut wie unbekannt. Dabei glänzt die Ruhrhauptstadt als einer der großen und innovativen Plätze kulturellen Lebens in Europa. Wenn Jürgen Flimm, der Intendant der Ruhrtriennale, sagt, dass hier mehr Ensembles, mehr schöpferische Kraft und mehr Neugier auf Kunst versammelt seien als irgendwo sonst in Deutschland, kann man ihm nur Recht geben (S. 48). Das glückliche Zusammentreffen der industriekulturellen Hinterlassenschaft mit einer rege gepflegten Tradition in Schauspiel, Musik und Tanz haben Essen in einer Weise bereichert, wie es in keiner anderen Stadt gelingen konnte.

Essen auch fotografisch neu zu inszenieren, war unsere Bitte an den Bielefelder Fotografie-Professor Roman Bezjak und seine Studenten. Das ist ihnen hervorragend gelungen – und natürlich auch der fotografische Blick in den Himmel über der Ruhr, der hier vielleicht sogar ein bisschen blauer leuchtet.

Viel Spaß beim Lesen.

Herzlich, Ihr

Andreas Hallaschka
MERIAN-Chefredakteur

**MEISTERKLASSE** Roman Bezjak und seine Studenten von der Bielefelder Hochschule: Markus Klingenhäger, Daniel Müller, Karin Trautner; vorn: Laura Hegewald, Anne Kathrin Schuhmann

**NEUE ESSENER ANSICHTEN** Auf dem Titel dieser Ausgabe erscheint das Museum Folkwang selbst wie eine Komposition. Auch die Tanzenden auf Zollverein sind keineswegs montiert, sondern von unseren Fotografen mit großem Aufwand ausgeleuchtete Darsteller der Ruhrtriennale

>> Mehr MERIAN im Internet: www.merian.de

INHALT

# Essen

SEITE 66

**ERFOLGE ZUR FALSCHEN ZEIT**

Der einstige deutsche Fußballmeister Rot-Weiß Essen spielt heute in der dritten Liga. Nicht mehr lange?

**MERIAN** | Info >>SEITE 125

SEITE 28

## ALLES THEATER

**Wer Bühnenerlebnisse sucht, hat in Essen große Auswahl. Allein im Aalto-Theater lohnt sich auch der Ausflug ins Foyer**

SEITE 92

## LANGE NÄCHTE

**Kneipen, Bars und Etablissements wie das Mudia Art: In Essen kann man ausgehen, bis das Licht ausgeht**

SEITE 76

## GLÜCK IM WINKEL

In der Margarethenhöhe lebt es sich beschaulich. Manche sind seit Generationen hier

SEITE 38

## EINFACH TREIBEN LASSEN

**Rund um die Ruhr und den Baldeneysee ist Essen grün, gesund und sportlich. Und das war schon immer so**

1938

ZEITSPRUNG

## Allein überlebt

Als die Nazis 1938 die deutschen Synagogen anzündeten, brannte auch eine der größten Europas: die Essener. Am Ende jedoch stand sie, beschädigt, aber erhalten. Ein Wunder? Es sollte noch ein weiteres folgen. Nach den Bombenangriffen von 1944 war die Essener Innenstadt fast vollständig zerstört. Nur die Synagoge stand ungetroffen allein in einem weiten Trümmerfeld, Symbol des festen Glaubens.

## Notwasser

Ja, das ist ein ganz normales Einweckglas. Auch sein Inhalt ist das, was er auf den ersten Blick zu sein scheint: Wasser. Zu besichtigen ist das gute Stück im Ruhrlandmuseum, und das hat seinen Grund: Im Winter 1944 war die Stadt Essen fast zerstört, die Menschen hausten in bitterer Not, und es mangelte an allem, vor allem an frischem Wasser – viele Leitungen waren geborsten. Eine Mutter hat in dieser Lage Wasser abgekocht und für ihre Kinder haltbar eingemacht.

TAUBENKLINIK

## Vogel flieg!

Traditionell hat der Kumpel die Brieftaube zum Freund, die er züchtet, zu Wettbewerben fährt und die ihm Anlass zur Vereinsbildung gibt. Aber das „Rennpferd des kleinen Mannes“ kränkelt auch gern mal. Kein Wunder also, dass in Essen eine Taubenklinik praktiziert, die einzige weltweit, und natürlich ist hier nicht nur der gurrende Schatz in Behandlung, auch erkältete Papageien oder lädierte Hühner finden hier Genesung.

1949

1965

Das erste Essen-Heft erschien bereits im Gründungsjahr der Republik und stand noch ganz im Bann des Bergbaus. 1965 widmete MERIAN sich ausgiebig den kulturellen und historischen Schätzen der Stadt.

GOLDENE MADONNA

## Tausend Jahre

Der Domschatz in der Münsterkirche kann mit der ältesten vollplastischen Marienfigur der Welt (um 990) prunken. Einst zierte das 70 Zentimeter hohe Bildnis aus vergoldetem Pappelholz die Kinderkrone Kaiser Ottos III. (um 980) – die ist nun in einer separaten Vitrine zu sehen. Ein weiteres Highlight des Domschatzes: Der 1000 Jahre alte siebenarmige Leuchter gilt als älteste Nachbildung der jüdischen Menora. Aber auch aus profanen Gründen lohnt ein Besuch: Wem die Essener Fußgängerzone zu hektisch wird, findet im Kreuzgang eine Oase.

## WASSER I Frischer **Fisch**

Der Himmel über der Ruhr ist schon lange wieder blau, aber was ist mit dem Wasser? Das soll der Lachs uns zeigen. Dass der Atlantische Lachs *(Salmo salar)* gerade im Ruhrgebiet Fürsprecher findet, liegt erstens an seiner Symbolkraft für saubere Natur – als nasses Pendant zum Luchs – und zweitens daran, dass man sich hier schon um Frischwasser mühte, als das Wort Ökologie noch nicht erfunden war. Der Essener Lachsverein betreibt die Wiedereinbürgerung des Tieres mittlerweile bundesweit, mit großem Erfolg.

## WASSER II Neu **geboren**

Einst hat die Emschergenossenschaft das Ruhrgebiet geprägt: Der Verband machte seit 1899 aus dem Flüsschen eine Abwasserrinne für die Region, kanalisiert, betoniert, hinter Deichen und Zäunen versteckt. Was sie heute daraus macht und lernt und lehrt, ist allerdings mehr als Renaturierung: die Wiederbelebung der Emscher ist ein Gesamtkunstwerk, das Planer, Anwohner und Musiker und land-Artisten einbezieht. Bei diesem Umbau wird das Ruhrgebiet ganz schnell zum Emschergebiet.

Ein langes rotes Kleid für die Emscher: eine Arbeit von Monika Ortmann

## HUMOR Essens **Komiker**

**HEINZ RÜHMANN**
War Rühmann eigentlich komisch? Nun ja, in der Feuerzangenbowle schon, aber auch da ist er bei aller Chuzpe so lammartig unangreifbar, wie er es sein Leben lang blieb, ob als Bruchpilot, tränenseliger Clown oder greiser Weihnachtsvorleser.

**HAGEN RETHER**
hat in Windeseile alle verfügbaren Kleinkunstpreise der Republik abgeräumt. Seine Spezialität: mit leisen Tönen ätzend verletzen. Sein liebstes Hassobjekt: Grönemeyer.

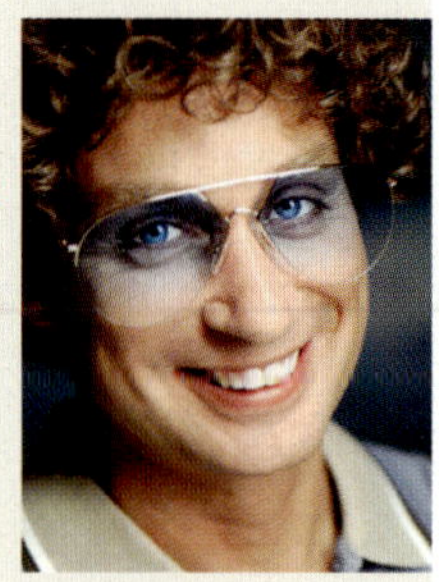

**ATZE SCHRÖDER**
Jeder bleibt irgendwann stehen und ruht sich aus. Schröder in seiner Erscheinung als Travolta für Arme. Das macht er so konsequent, dass es wirklich komisch ist. Auch noch mit 60?

**DR. STRATMANN**
Der Mann ist tatsächlich Arzt und hat das runtergekommene Essener Behelfsrathaus gerettet und zur Bühne umgebaut. Ein Grund für die Essener Komikerschwemme.

**HERBERT KNEBEL**
Ist Altenessen, ist Pott, ist Slang und schlichte proletarische Weitsichtigkeit. Ein würdiger Enkel Adolf Tegtmeiers. Warum es in Essen so viele wie ihn gibt? Er sagt: Zufall

KINOKULTUR

## Größer als alle

Die Lichtburg, 1928 eröffnet, war im Krieg zerstört, erlebte nach der Wiedereröffnung 1950 ihre größte Zeit als Premierenkino. Marika Rökk und Zarah Leander gaben sich die Ehre, Gary Cooper reiste 1953 zum Deutschlandstart von „12 Uhr Mittags" nach Essen. Seit 2003 erstrahlt das Kino wieder in altem Glanz: mit 1250 Plätzen das größte der Republik

STADTBUCH

## Härter als Gold

Jede Stadt hat ihr Goldenes Buch, in dem als Ehrerweisung bedeutende Menschen einen Gruß hinterlassen. Nur: Nie ist so etwas tatsächlich aus edlem Metall, sondern immer nur Goldschnitt, höchstens mit Blattgold verziert. Essen ist da ehrlicher: Hier schreibt der Gast, ob Boxweltmeister oder Papst, ins Stahlbuch, und das ist in echtem rostfreien Krupp-Produkt gebunden. Passt besser zur Stadt und hält auch mehr aus.

# Entdeckung einer Unbekannten

Unter den Top Ten der großen Städte Deutschlands ist Essen ganz gewiss die überraschendste

Nächtliche Reiter auf der Schurenbachhalde. Mit seiner „Bramme“ wollte Richard Serra „den Moment festhalten, an dem eine Zivilisation stirbt und eine neue beginnt“. Graffiti-Sprayer leisten dazu – so oder so – ihren Beitrag

Foto: Daniel Müller

Foto: Markus Klingenhäger

Die beeindruckende Skyline eines Zentrums, das das Ruhrgebiet dominiert. Essen war Industriestadt, wurde Einkaufsstadt, ist Kulturstadt. Und ist auf dem Weg zu neuen Horizonten

# Im Strom der Lichter

Die Kettwiger Damen streifen jedes Thema der Nachbarschaft. Und die Geranien verhindern, dass man nur Schwarzweiß sieht

Ein Welterbe zu gestalten, ist nicht einfach. Aber die einst bedeutendste Zeche der Welt lässt Raum für Privatinitiative

# In der Stille des Winkels

Fotos: Daniel Müller (li.), Katrin Trautner (re.)

Foto: Daniel Müller

# In der Muße des Reichtums

Die Krupps leisteten sich 1873 ein Einfamilienschloss mit 8000 Quadratmetern Fläche auf dem Hügel über der Stadt, deren Herrscher sie de facto waren. Heute haben sich die Essener Park und Villa angeeignet

# Im Schatten der Schlote

Seit 1993 ruht die Arbeit in der Kokerei auf Zollverein. Die Anlage ist so gewaltig, dass die Probenarbeiten zur Ruhrtriennale nur mit der Lupe zu erkennen sind

Wenn eine Ordensschwester gen Himmel schaut, suchen ihre Augen nicht immer den Herrn.
Im Tropenhaus im Grugapark ziehen schon dessen exotische Geschöpfe die Blicke nach oben

Fotos: Katrin Trautner (li.), Markus Klingenhäger (re.)

# Im Dorado des Doms

983 wurde Otto III., drei Jahre alt, zum deutschen Kaiser gekrönt. Kinderkrone und goldenes Schwert sind Teil des Domschatzes, der wie durch ein Wunder mehr als 1000 Jahre unbeschadet überstand

Foto: Markus Klingenhäger

Wo so viel gegraben wird wie im Ruhrgebiet, kommt mehr als Kohle zu Tage. Zum Beispiel die Schädel der Büffel und Bären, die hier in der Eiszeit umherstapften und in den Vitrinen des Ruhrlandmuseums letzte Ruhe fanden

# In den Spuren des Lebens

**Das Folkwangmuseum ist eine Schatzkammer der Moderne, die die Entwicklung zweier Jahrhunderte Kunstgeschichte zum Erlebnis macht. Auch Gerhard Richters fotografisch-fremde Bilder hängen dort, bis auch der kleinste Besucher sie erkennt**

Fotos: Markus Klingenhäger

# Von Siegfried bis Otto

**Je tiefer man in Essens Geschichte blickt, desto größer die Überraschungen: Kohle und Stahl waren im langen Kulturleben der Stadt nur Episode**

**Text: Jürgen Lodemann**

**Zwischen Köln und Dortmund gibt es viel Fußball. Und viel Kultur."** Kürzlich sagte das ein Essener Urgestein. Kaum war der Übungsleiter Otto Rehhagel in Griechenland Nationaltrainer der Fußballer geworden, da teilte er der Presse mit, nein, er ziehe vorerst nicht nach Athen, sondern: „Wir haben eine Wohnung in Essen gekauft." Grund: siehe oben.

Im Ruhrgebiet „viel Kultur"? Schwer vorstellbar für Menschen in München oder Berlin, denen die Realitäten im deutschen Energiezentrum fern sind und Essen eine Erfindung des industriellen 19. Jahrhunderts ist.

Einsichtige Leute versichern, eine Stadt, die städtisch, die „urban" sein will, benötige Kultur, und zwar nicht nur als Ruf oder Image, sondern als real-ökonomischen Standortvorteil, und dies mysteriöse Wesen „Kultur" entstehe dort, wo krasse Kontraste Spannungen und Entladungen möglich machen, den immer wieder so gern genossenen Gewitterzauber der Künste. Wenn Kultur tatsächlich zwischen Extremkontrasten zündet, dann ist Essen als Ort unvereinbarer Gegensätze ein idealer Kulturstandort. Diese uralte Siedlung an Ruhr wie Emscher liegt zwischen topographischem wie soziologischem Oben und Unten, zwischen Ästheten und Proleten, zwischen Dienstleistungen und Montan-Relikten, zwischen imposanter Geschichte und nervender Gegenwart.

Und in der Tat überrascht in der „Innenstadt des Ruhrgebiets" Kultur in Vielfalt und als Höchstleistung. Aus einem schwerindustriellen Zentrum wurde eine Stadt der tausend Außerordentlichkeiten, und dabei verblüfft die nördliche Hälfte dieser Stadt mit ihren Altlasten der Industriezeit mehr noch als die südliche mit dem idyllischen Baldeneysee und dem klassisch schönen Ruhrtal. Die Neuerungen im Norden sind auffallender, die Emscher-Region, vormals gezeichnet von Abwasser und Abraum, von Fettkohle und Kohlechemie, hat nicht nur den Emscherpark, sondern hat mit den klaren und starken Linien des Welterbes Zeche Zollverein einen internationalen Treffpunkt. Aus einem Ort hochtechnisierter Kohleförderung wurde und wird ein Monument der Widersprüche und Denkwürdigkeiten dieses größten Ballungsraums in Europa.

Katernberg ist Heimat eines Welterbes und zweier Herren, die keinen Kater scheuen

Eine Stadt, die sich unter anderem „Waffenschmiede des Reichs" nennen konnte und wenig später „Die Einkaufsstadt", bietet ihre größten Überraschungen in einer beispielhaften Geschichte. Sie erscheint wie ein Konzentrat und Spiegel mitteleuropäischer Machtkonflikte, von den archaischen Anfängen bis zum aktuellen globalen Liberalismus.

In Essen tauchten immer mal wieder Kaiser auf, um sich Waffen zu besorgen, die Hohenzollern ebenso wie tausend Jahre zuvor ottonische Kaiser. Aus dieser Stadt kamen aber auch Visionäre, die in Essen das Scheitern des Versuchs, schon 1848 eine deutsche Republik zu gründen, als besonders bitter erlebten, so etwa der Arbeiter Franz Schwenniger: „... sie machten eine Räuberhöhle draus", so zitiert ihn der Stadthistoriker (und Arbeitersohn) Ernst Schmidt. Und rund um den März 1920 wüteten in Essen und drumherum die blutigen Kämpfe einer „Roten Armee", einer Arbeiter- oder Ruhr-Armee gegen den faschistischen Putsch des Herrn Kapp, und zwischen 1933 und 1945 zeigte sich auch in Essen die Willfährigkeit der Geldmächtigen und gab es auch an diesem Ort, ohne dass es je besonders bekannt geworden wäre, todesmutigen Widerstand einiger Ohnmächti-

Essen auf einen Blick

In der Stadt mit vielen frühen Zeugnissen des Christentums findet im 20. Jahrhundert auch eine Moschee ihren Platz

ger, gab es „Lichter in der Finsternis", wie Ernst Schmidt sein Hauptwerk nannte. Außenstehende, die sich orts- und sprachkundig glauben, halten die Stadt für einen Ort der „Essen", der rauchenden Kamine, für eine Ausgeburt der Schwerindustrie. Essen ist aber älter als das Heilige Römische Reich Deutscher Nation, hieß im ersten Jahrtausend Asnidhi, war ein Ort der Esche, und die Esche ist bekanntlich in der nordischen Mythologie der Weltenbaum.

Aus dem Eschen-Ort wurde eine kirchenchristliche Residenz und aus Asnidhi wurde über Assind – lateinisch Assindia – der Ort Essend, erste Zeitungen verbreiteten noch *Neueste Essendische Nachrichten*, und rund um das Gründungskloster der adeligen Äbtissinnen wuchs eine protestantische Bürgerstadt mit all jenen Konflikten zwischen geistlichen und weltlichen Interessen, die jahrhundertelang die Historie Europas so bunt wie blutig werden ließen.

Schon Essens Anfangsgeschichte liefert ein Feuerwerk der Überraschungen, einsehbar nicht nur im Domschatz und nicht nur wegen der ältesten aller katholischen Madonnen-Skulpturen, sondern auch wegen des frühesten Buches aller germanischen Bücher: Der „Codex Argenteus", die Silberbibel aus dem 6. Jahrhundert in der gotischen Übersetzung des Bischofs Wulfila, wurde aufbewahrt in Essen-Werden, und wahrscheinlich entstand ebendort, in Essen-Werden, im 9. Jahrhundert der „Heliand", die sprachgewaltige Übertragung des Neuen Testaments in die Stabreime des Altsächsischen, in das bildhafte heidnische und heldische Denken der zu bekehrenden Nachbarn im Osten, ein Text, mit dem vom Kloster Werden aus das noch nicht christianisierte Germanien missionierend erobert wurde.

**Mit großer Wahrscheinlichkeit gehört zu Essens Besonderheiten auch** – aus archaischen Zeiten sind mehr als Wahrscheinlichkeiten niemals zu gewinnen – jener junge Mann, der um 500 vom niederrheinischen Xanten auszog, um die Energiebeherrschung zu lernen, die archaische Grundausstattung aller Kulturen. Hat nicht der sagenhafte Nibelunge seine Stahl- und Feuerkünste am wahrscheinlichsten dort lernen können, wo beste Anthrazitkohle, Erz und Wasserkraft üppig vorhanden waren, im Ruhrtal?

Das sagt nicht nur ein besessener Essener, auch archäologische Forschungen belegen, dass an der Ruhr die Schmiedekunst schon in der Vorhistorie Tradition hatte, mehrfach heißen hier Burgreste Isenburg – Eisenburg – und eben dort praktizierte und residierte schließlich auch der mächtigste aller Schmiede des Planeten, der Panzer-, Kanonen- und Eisenbahnkönig Krupp – eine faszinierende Vorstellung: Krupps „Villa Hügel" stünde auf dem Gelände von Siegfrieds Lehrwerkstatt.

Reste von 27 Burganlagen liegen auf Essener Stadtgebiet. Essens Geschichte musste schon deshalb überraschungsreich werden, weil der Ort am Nordrand der Mittelgebirge seit je Durchgangszone war, strategisches Gelände für Militär, Mission und Handel. Auf dem „Hellweg", der Ost-West-Verbindung , an der auch Duisburg, Bochum und Dortmund liegen, in dieser Zone der Energien und unablässigen Konflikte waren Umbruch und Wechsel, war das Verändern Dauerzustand.

**Überm Wechsel geriet und gerät Essen immer mal wieder in westliche Aufbruchs- und Umbruchsstimmungen**, aber auch in grauenhafte Abgründe, ob im Dreißigjährigen Krieg oder zwischen totaler Bombardierung und Demontage. Zwischendurch zeigt sich die Stadt auf imposanten Gipfeln, nicht nur 1870/73 mit dem gründerzeitlichen Bau des Krupp-Schlosses oder hundert Jahre später mit dem höchsten aller Rathäuser, sondern neuerdings auch mit dem besten und schönsten deutschen Opernpalast, dem Aalto, oder mit dem generalüberholten Konzerthaus der Philharmonie, für Kenner nicht nur wegen seiner Akustik in Europa eine erste Adresse. Und bei all dem bleibt einmalig das Großkino „Lichtburg" – im Stil der Fünfziger, im Stil der Adenauer-Jahre, und auch die Lichtburg steht im krassen Kontrast, steht am Burgplatz unmittelbar neben der Bischofskirche, neben wehrhafter Romanik, neben einem Bruder des Aachener Doms.

Die alte Glaubensbastion der frommen Äbtissinnen wurde 1958 Bischofsstadt und 1972 Universitätsstadt, noch unterm Regiment der Preußen wie unter dem der Nazis waren Universitäten in Arbeiterstädten undenkbar. Immerhin, die Stadt ist nach vorn gekommen auf dem Rettungsweg von der Industriegesellschaft in die Wissensgesellschaft, noch erfolgreicher aber behauptet sie jetzt ihren Ruf als Ort der Kultur, der Museen, der Medien, der Künste und der glänzenden Ruhrtriennale. Ich gestehe, nie zuvor so bewegende Bilder gesehen zu haben wie 2005 in den nächtlichen Abgründen und Katakomben der Zollverein-Kokerei bei Andrea Breths „Nächte unter Tage", Bilder in Todesschwärze, Bilder vom Existieren und Vergehen.

Essen war vor 40 Jahren noch größte Bergbaustadt Europas. Inzwischen aber ist sie nicht nur so etwas wie eine Hauptstadt der Energiewirtschaft, sondern engagiert sich auch auf dem Terrain des Phantastischen und Schöpferischen dermaßen energisch, dass die gelbblaue Leuchtschrift auf dem Hotel gegenüber dem Hauptbahnhof mit der Parole „Essen, die Einkaufsstadt" mit guten Gründen ersetzt werden darf durch die Mitteilung: „Essen, die Kulturstadt". □

**Jürgen Lodemann** *ist geborener Essener und Buchautor („Anita Drögemöller und Die Ruhe an der Ruhr"), Fernsehredakteur („Literaturmagazin") sowie Dokumentarfilmer. Sein jüngstes Buch „Siegfried und Krimhild" geht den Spuren des Nibelungen an der Ruhr nach.*

# Vorstellungen

**Das Aalto-Theater** hatte spät Premiere. 1959 war der Finne Alvar Aalto schwungvoll an die Planung gegangen, aber es dauerte 30 Jahre, bis Essen sich als Kulturmetropole begriff und 1988 ein Musik- und Balletttheater von Weltruf eröffnete – sichtbares Zeichen für den Bedeutungswandel der Stadt

## Musik und Museen bestimmen Essens Kulturleben. Ein Defilee

# von hohem Rang

von Philharmonie bis Folkwang. **Fotos: Markus Klingenhäger**

**Michael Kaufmann,**
Intendant der Philharmonie Essen

**Michael Kaufmann** ist stolz. Der Intendant der Philharmonie Essen hat seinen 100 Jahre alten Saalbau wieder. Die Architekten Busmann und Haberer hatten das marode Haus entkernt und einen warm getönten Spielplatz geschaffen, in dem sagenhafte 1900 Gäste lauschen können. 1,6 Millionen Euro hat allein die Orgel gekostet. „Ein Pfund für die Bewerbung zur Kulturhauptstadt", sagte der Ministerpräsident. Recht hat er. **Stefan Soltesz** und seine Essener Philharmoniker bereiteten dem Saalbau eine glanzvolle Premiere. Der Chef des Aalto-Musiktheaters startete 1997 als Essens Generalmusikdirektor unter freiem Himmel: Er wagte sich mit dem Orchester auf den Kennedyplatz, der etwa die Akustik eines Bahnhofs hat. Seither liefert der hochenergetische Musikmacher immer neue Überraschungen, und stets ist da von Verzückung, von Genialität und Rausch die Rede. Von Kritikern wurde Soltesz 2005 zum besten Dirigenten des Landes gewählt.

**Stefan Soltesz,** Generalmusikdirektor und Intendant des Aalto-Musiktheaters

**Ute Eskildsen** leitet seit 1979 die von ihr aufgebaute Fotografische Sammlung des Museums Folkwang (s. S. 100) und ist dessen stellvertretende Direktorin. Die Herrin über mehr als 50 000 Fotografien schafft es immer wieder, Ausstellungen zu Blockbustern zu machen. Mit Robert Frank und Irving Penn ging es ihr so, die Diane-Arbus-Retrospektive „Revelations" und „Das fotografierte Tier" erregten kürzlich bundesweit Aufsehen. **Ulrich Borsdorf** krempelt die Ärmel auf, wenn es darum geht, Geschichte zu präsentieren. Mit seinem Ruhrlandmuseum wird er bald in die ehemalige Kohlenwäsche auf Zollverein umziehen, die er rechts inspiziert. Sein Museum ist einzigartig in der Konzeption, Urzeit und Neuzeit zusammenzustellen, Trilobiten und Wohlstandsmüll als Zeichen ihrer Zeit zu vereinen.

**Ute Eskildsen**
Museum Folkwang, Abteilung Fotografie

**Ulrich Borsdorf,**
Direktor des Ruhrlandmuseums

# Eine Heimat für Vincent

TEXT: CHRISTIAN T. SCHÖN

Im Folkwang, dem ersten Museum der Welt für moderne Kunst, versammeln sich die Geister einer Aufbruchsära

Vincent van Gogh lässt sich die Sonne ins Gesicht scheinen. Paul Gauguin neben ihm suckelt an einem Espresso. Gerade erhebt sich Paul Cézanne. Auch Vincent verlässt das Café und geht noch mal ins Museum: So schnell wird er Caspar David Friedrich nicht wiedersehen. Er zieht kräftig an der braun gerahmten Eingangstür, dann öffnet sie sich behäbig wie ein Schultor.

Vorbei am „Bild des Monats", den Gang entlang, in die Sammlung des Museums Folkwang. Den anderen Künstlergruppen, die aus dem Elysium angereist sind, geht Vincent aus dem Weg. Den Brücke-Malern, den Blauen Reitern, den deutschen Expressionisten, den Bauhäuslern. Sie alle haben zwar seine Maltheorie aufgenommen und weiterentwickelt, aber, nein, begegnen will er ihnen nicht.

Die Generationen von zwei Jahrhunderten Kunstgeschichte treffen sich in den Räumen des Folkwang. Für einige ist es das erste Mal, dass sie ihre Gemälde in einem Museum hängen sehen: van Gogh, Gauguin, Caspar David Friedrich. Für andere ist es ein Wiedersehen mit alten Freunden. Aber noch hat keiner einen Blick aus den großen Fenstern geworfen. Kein Paris, kein Arles, kein Dresden und kein Berlin liegt vor ihnen. Nein, eine Neubaustadt: Essen.

Den Museumsgründer Karl Ernst Osthaus kennen viele persönlich aus der Zeit nach 1902, als das Folkwang in Osthaus' Geburtsstadt Hagen das weltweit erste Museum für moderne Kunst war. Auch Paul Cézanne hatte er einmal besucht, 1906 in Aix, und sofort zwei Bilder gekauft: „Haus auf der Höhe" (1890-92) und „Steinbruch bei Bibémus" (1895).

Osthaus' Museum der Moderne war ein offener und inspirierender Ort, der nicht nur die Kunstströmungen der Zeit erfasste, sondern auch die mittelalterlichen, die afrikanischen und asiatischen Wurzeln. Heute, in Essen, ist es fast wieder so: Mittelalterliche Kirchenfiguren stehen in einem Raum mit romantischer Malerei. Ägyptische Büsten, Vasen und Parfüm-Flakons aus dem alten Rom illustrieren die Werke der Maler, die ab 1800 nach Italien zogen, auf der Suche nach den Motiven einer idealisierten Antike. Afrikanische Masken hängen neben Gemälden von Pablo Picasso und Max Ernst. Japanische Masken bei van Gogh. Buddhafiguren bei Gauguin.

Seit einem Jahr sind auch weiße Wände im Folkwang nicht mehr das Maß musealer Gestaltung: Pompejirot leuchtet der Italien-Saal, helles Grau bestärkt die Romantik, besonders gespenstisch ist das Licht bei den Surrealisten. Die Farben sind angenehm fürs Auge und sehr wirkungsvoll, ein seidenes Gelb weckt Licht und Schatten der französischen Realisten und Impressionisten zum Leben: das schneeweiße Sommerkleid von Renoirs „Lise mit dem Sonnenschirm" (1867) und die Gischt auf der Spitze von Gustave Courbets „Woge" (1869/70), die Cézanne einmal ein „Wunder des Jahrhunderts" nannte.

Eben jene Lise war 1901 der Grundstein für die einzigartige Sammlung, die heute die Entwicklung der Kunst von 1800 bis ins 21. Jahrhundert aufzeigt. Die halb im Schatten stehende Frau gefiel nicht nur Karl Ernst Osthaus, sondern besonders seiner Frau Gertrud. Sie pflegte damals Kontakt mit den Künstlern und ließ sich später selbst von Renoir porträtieren.

1902 sollte das Museum nicht nur Quell des Lebens sein, wie ihn noch heute der Jünglingsbrunnen von George Minne versinnbildlicht, sondern auch gegen das „Zurücktreten aller idealen Interessen" und „die geistige Verflachung" in den Indus-

Ensemble der Kontraste: Während Rodins „Eva“ sich schamhaft windet und Egon Schieles „Jüngling“ rotwangig posiert, quietschen nebenan Takashi Murakamis Mangas

Mit Renoirs „Lise mit dem Sonnenschirm“ begann Osthaus 1901 seine Sammlung. Bei ihr startet der Rundgang „Kinder führen Kinder“, eine Institution des Museums

triestädten wirken. Eindringlich beschwor Osthaus: die Schönheit solle „wieder zur herrschenden Macht im Leben“ werden. Ein Wunsch, den er mit dem Namen ausdrückte, den er dem Haus gab: Folkwang. In der nordischen Edda bedeutet er so viel wie „Halle des Volkes“, in der Freyja als Hüterin der Schönheit amtierte.

Osthaus sammelte van Gogh und Cézanne und als erster Deutscher Gauguin, Paul Signac und Ferdinand Hodler. Er besuchte Henri Matisse und Auguste Rodin in ihren Ateliers, und sein Haus- und Hofarchitekt Henry van de Velde, der neben dem Hagener Wohnhaus auch noch Stühle, Tische, Sessel, Tassen, Teller, Schmuck und Kleider für die Osthaus' entwarf, legte ihm überdies die französischen Impressionisten ans Herz.

August Macke war „ganz jeck“, als er 1908 das Folkwang besuchte, und Emil Nolde schwärmte später von einem „Himmelszeichen“ für die Kunst des 20. Jahrhunderts. Den Münchner „Blauen Reitern“ um Franz Marc und Wassily Kandinsky galt das wild assoziierte Sammelsurium gar als Vorbild für ihren berühmten Almanach. Ihre Arbeiten hängen in Essen heute zusammen mit den kubistischen und nachkubistischen Werken von Delaunay, Mondrian und Braque. Wie ein Club alter Freunde. Im Folkwang kann der Besucher dem einzelnen Bild nah sein. Meist in der Nähe erläutert oder kommentiert ein weiteres das erste. Die Buddhastatuen und Paul Gauguin? Der

## Die Moderne öffnet die Augen

Franzose übernahm die Augenpartie und die Sitzhaltung der Statue für eine Gestalt auf dem Gemälde „Contes barbares“. Die andalusischen Fliesen aus dem 16. Jahrhundert, die im Bauhaus-Saal hängen: Von ihnen hätte sich Henri Matisse inspirieren lassen können. Und die bei den Expressionisten Nolde und Müller beliebten grünen Augen findet man auch bei einer afrikanischen Holzfigur, die neben Max Beckmanns „Perseus“ steht. Johan Christian Dahl tritt leise neben seinen alten Freund Caspar David Friedrich, der gerade vor Dahls Gemälde „Blick auf Schloss Pillnitz“ steht. „Ein grandioser Platz für das Bild“, sagt Dahl. Ein geöffnetes Fenster bildet einen dunklen Rahmen: Himmel und Land sind weit, aber klein im Verhältnis. „Die Außenwelt erschließt sich durch die Innenwelt“, denkt Dahl laut, „Novalis lehrt, dass die Seele dort sitzt, wo sich Innenwelt und Außenwelt berühren. Dort, im Fensterkreuz.“ Dahl dreht sich um und weist auf die großen Fenster im Museumsbau, durch die auf breiter Front Licht in den Raum strömt. „Voilà! Dieselbe Perspektive. Aber moderne Architektur!“ Der Blick fällt auf eine städtische Wiese, in ihrer Mitte eine Eisenskulptur des amerikanischen Bildhauers Richard Serra: kreuzförmig, rostend, schwer. Als Dahl sich umblickt, ist Friedrich verschwunden.

Osthaus war eine feurige Erscheinung, mit Schläfenadern und stechenden Augen. Rastlos, ein Mann von kurzen Worten und schnellen Entscheidungen. Nietzscheaner vom Scheitel bis zur Sohle. Ergriffen von den Bewegungungen der zwanziger Jahre, von Städtebaureform, Lebensreform, Tanz- und Körperreform. In Hohenhagen hatte er bereits eine Gartenstadt gegründet, eine Hochschule für Körperkultur war in Planung. Doch seine Bauten und das Museum zehrten die drei Millionen Goldmark, die er von seinem Großvater geerbt hatte, nach und nach auf. 1917 musste er die ersten Gemälde von van Gogh, Gauguin, Renoir, Hodler und Nolde verkaufen. Als er vier Jahre später starb, wurde die Folkwang-Sammlung an die Stadt Essen verkauft und fusionierte mit dem 1904 gegründeten Städtischen Kunstmuseum. Dessen Bestände: Paul Signac (Pointillismus) und André Derain (Fauvismus), van Goghs „Rhonebarken“ und Liebermanns „Papageienmann“. Die beiden Sammlungen ergänzten sich aufs Beste. Aber der Ankauf von Manets „Der Sänger Faure als Hamlet“

(1877) löste 1927 chauvinistische Reaktionen aus, die geistige Dunkelheit über Deutschland ankündigten. „Wo ist Caspar David?" Cézanne findet Dahl allein vor. „Verschwunden." Der Franzose tritt vor Friedrichs „Landschaft mit Regenbogen". Die Sonne ist darauf gerade untergegangen, nur der Regenbogenstreif sticht wie eine Sichel in die das Bild einnehmende Nacht. „Was für eine Komposition!" staunt Cézanne.

Das Bild hat das traurigste Kapitel der Museumsgeschichte überlebt. Bis 1939 wurden über 1400 Kunstwerke des Folkwang von den Nazis als „entartet" enteignet und verkauft, darunter viele bedeutende Gemälde. Essen verlor sieben Werke von Ernst Ludwig Kirchner, vier von Emil Nolde, zwei von Karl Schmidt-Rottluff. Außerdem Willi Baumeister, Marc Chagall, Lyonel Feininger, Erich Heckel, Oskar Kokoschka, Franz Marc, Georges Braque, Edvard Munch. Der Verlust war so enorm, dass die Sammlung aufhörte zu existieren, die Bombardierung Essens besorgte den Rest: Das Gebäude wurde vollständig vernichtet, das Museum Folkwang gab es nicht mehr.

Der schier aussichtslose Neubeginn mit ein paar verbliebenen Gauguins und van Goghs, mit wenigen Franzosen und Deutschen des 19. Jahrhunderts war ein fast aussichtsloser Schritt. Nur die wenigsten Bilder fanden den Weg zurück nach Essen. Drei zwangsenteignete Werke von Matisse lassen bis heute eine schmerzliche Lücke, auch die Neuzugänge aus dem 19. Jahrhundert (Friedrich, Dahl, Carus, Menzel) können den Verlust nicht aufwiegen.

Eine Sensation, ein Sinnbild fast, war daher die Rückkehr des ebenfalls geraubten „Steinbruch bei Bibémus". 1964 kam dies Bild in das erste Museum der Moderne, das Folkwang, zurück. Ein in New York lebender deutschstämmiger Bankier hatte es dem Folkwang zum Kauf angeboten.

Als Cézanne diese Landschaft in Pinselstriche zerlegte, Tupfer an Tupfer setzte und nur mit Farbnuancen die Raumtiefe schuf, die seit Jahrhunderten in Vorder-, Mittel- und Hintergrund gestaffelt wurde – da nahm zum ersten Mal ein Künstler die Autonomie der Bildfläche wichtiger als die realistische Darstellung, wurden Form und Farbe auf den Weg der Emanzipation von der Wiedergabe – sei es eines Gegenstandes, sei es einer Idee – gebracht. Das Zeitalter der Moderne hatte die Augen aufgeschlagen. Mit der Rückkehr dieses Bildes, eines Wendepunkts in der Malereigeschichte, nahm auch die Geschichte des Museums Folkwang ihre Wende zu einer neu geborenen Moderne.

Seitdem ist das Museum gewachsen. Hat fast alle Kunstströmungen in Europa und Amerika nach 1945 in sich aufgesogen, Informelle Malerei, Videokunst. Rothko, Pollock, Baselitz, Immendorff.

Überregionalen Ruf erlangte die hervorragende Fotografische Sammlung. Und wenn sich die Großen zeigen wie van Gogh und Gauguin, dann strömt schon einmal eine halbe Million Besucher in das vergleichsweise kleine Gebäude an der Bismarckstraße. Ab Mai 2006 lockt dort Caspar David Friedrich mit der „Erfindung der Romantik". Durchs Museum irrend, trifft Cézanne van Gogh und Gauguin vor ihren eigenen Gemälden. Der holländische Ostasien-Fan schwärmt von den japanischen Masken, die im selben Raum wie vier seiner Bilder hängen. – Caspar David gesehen? Nein, keiner von beiden. Cézanne irrt einsam weiter.

Er findet den Meister schließlich. Zurückgezogen in einem Saal mit amerikanischer Farbfeldmalerei von Frank Stella und Barnett Newman. „Dieses Schwarz, diese schlichte Form", haucht Friedrich andächtig. „Haben Sie das ‚Wolkenbild' von Gerhard Richter gesehen?!", fragt er Cézanne im Flüsterton. „Nein!" antwortet der, „Sie dürfen aber gern laut reden! Der Direktor mag es, wenn wir lachen."

An keinem anderen Ort der Welt wären sie so leicht ins Gespräch gekommen. □

**Christian T. Schön,** *freier Autor aus Hamburg, steigt mit Vorliebe in die Untiefen von Kunst und Geschichte.*

Themse
und Seine litten un-
ter den Wikingern, Freude
an wilden Seefahrern hat nur
die Ruhr, die sich schon
bei Horst im Osten der Stadt
verträumt durch den
Nebel windet

Wenn Essener IN DEN SÜDEN fahren, haben sie's nicht weit. Hier war die RUHR schon grün, als der Himmel noch lange nicht blau war

# EIN POTT ZUM BADEN

Fotos: Daniel Müller

Die Zeche Carl
Funke förderte einst
Magerkohle. Heute erinnert
nur noch ihr Turm daran. Gewagte Manöver auf dem
Wasser gibt's bei den
„Gays on Ruhr"

Das schwache SCHWANKEN DES BOOTS, das leise Glucksen des Wassers, die NÄHE DES WALDES: Das Glück ist zum Greifen nah

In der Ruhr (o.l.) darf man baden, im See (u.r.) nicht. Dort gibt es stattdessen den Beachclub im Licht- und Luftbad Baldeney, einer riesigen Sandbühne für alle

Wenn die Sonne ihr letztes Licht über den BALDENEYSEE schickt, wird aus Essen eine KLEINE COPACABANA

Die Herren strampeln, die Dame ruht, das kleine Haustretboot gleitet still durchs Revier. Nur dann und wann stürzt – platsch – der Nachwuchs von der Brücke

Jahrhundertelang brachte die Ruhr KOHLE zum Rhein. Heute bringt sie GUTE LAUNE nach Essen

Wer vom Kettwiger Stadtwald nach Werden hinüberschaut, soll auf den Abend warten, wenn die blaue Stunde über der Ruhr den blauen Himmel ablöst

## MERIAN | TIPP Freizeit an See und Fluss

### AUF DEM WASSER

Die **Ruhr** war einst der meistbefahrene Fluss Europas. Auf den 235 Kilometern mit 54 Meter Höhenunterschied zwischen Sauerland und Rhein wurde vor allem Kohle verschifft, die mehr als ein Dutzend Mal an Stromschnellen und Mühlen-Wehren umgeladen werden musste. Mitte des 18. Jhs. wurde der Fluss schiffbar gemacht, Anfang 1776 die ersten Schleusen gebaut. Der **Baldeneysee** liegt 52 m über NN., ist maximal 8 m tief, 9,2 km lang und fasst 7,6 Mrd. Liter Wasser. Der See und seine bewaldeten Uferhöhen sind ein Freizeitparadies für 2000 angemeldete Segelboote und Ausflügler, für Segler, Windsurfer, Ruderer, Kanuten. Fuß- und Radweg rund um den See: ca. 30 km. Schwimmen im See ist verboten.

Die **Weiße Flotte** fährt nach Fahrplan ihre Rundtour Ende April bis Mitte Oktober auf Ruhr und Baldeneysee, der Gast kann auf jeder Anlegestelle zusteigen. Fahrten durchs Ruhrtal und zu den Schleusen des Flusses gibt es regelmäßig. Termine und Preise der Sonderfahrten erfährt man am besten unter **www.flotte-essen.de oder über die Hafen-Hotline: Tel. (02 01) 840 43 60**

(A 4) **Die Grüne Flotte**

Das **Mülheimer Wikingerschiff** auf der Ruhr bietet Platz für bis zu 14 Personen. Die Fahrt mit dem 12 m langen und 2,5 m breiten Schiff kostet pro Gruppe 270 Euro. Betreut wird es von der Grünen Flotte, die muskelbetriebene Boote aller Art anbietet. Einmalig ist wohl das **Hausboot** „Escargot", das mit Tretkraft und Sonnenenergie angetrieben wird und auf dem bis 6 Personen fahren, 3 oder 4 sogar an Bord übernachten können.

**Tages- und Mehrtagestouren**
**Grüne Flotte, Hafenstraße 15**
**Mülheim an der Ruhr**
**Tel. (02 08) 74 04 98 75**
**www.gruene-flotte.de**

### ESSEN UND TRINKEN

(D 6) **Landhaus Am Staadt**

Das Landhaus zwischen Wiesen und Obstbäumen bietet feine Küche in einem pittoresken Gebäude. Über die große Außenterrasse mit Biergarten blickt man auf die Höhenzüge bei Kettwig. Bootsanleger der Weißen Flotte.

**Ruhrtalstr. 111, Essen-Werden**
**Tel. (02 01) 490 24 24**
tägl. ab 11 Uhr

(C 7) **Altes Zollhaus Don Quichotte**

Spanische Küche und Weine, das kann ganz unterschiedlich ausfallen. Hier wird auf feine Küche Wert gelegt. Tipp: die Lammspezialitäten. Gute Cocktailkarte, verlockende Sommerterrasse.

**August-Thyssen-Straße 1**
**Essen-Kettwig, Tel. (020 54) 12 58 54**, Di-Fr 17-23, Sa und So 12-23 Uhr, Mo Ruhetag

(D 5) **Restaurant Hügoloss**

Der seltsame Name ist eine misslungene Gräzisierung der Villa Hügel, die oberhalb des Restaurants liegt. Die griechischen Fisch- und Lammgerichte sind schon eher gelungen, am besten aber der Biergarten mit herrlichem Blick auf den Baldeneysee.

**Freiherr-vom-Stein-Str. 211 a**
**Essen-Bredeney, Tel. (02 01) 47 02 17**, tägl. 11-24 Uhr

### SPORT

Das (D 5) **Licht- und Luftbad Baldeney,** 1937 eröffnet, ist einmalig. Nach Einstellung des Badebetriebes Mitte der achtziger Jahre wurden einige Becken mit Sand gefüllt und zur Beachvolleyballanlage umgebaut. Seit Mai 2005 residiert hier der Seaside Beach Club: ein 250 Meter langer und 35 Meter breiter Strand aus feinstem Sand mit Palmen, Bambushütten, Cocktailbars, Grillplätzen, Beachvolleyballfeldern und einer Surfschule im ehemaligen Schwimmerbecken.

**Freiherr-vom-Stein-Str. 384**
**Essen-Bredeney**
**Tel. (02 01) 47 00 20**

k:drei
auf dem sprung an die spitze.
e.on ruhrgas liefert beides: umweltschonendes erdgas und vielfältige dienstleistungen.
engagierte mitarbeiter stehen für sichere versorgung und zufriedene kunden.
das bringt uns weiter auf dem weg zum führenden gasversorger europas.
erdgas
erdgas
www.eon-ruhrgas.com
e·on
ruhrgas

Jürgen Flimm und Werner Müller, Theatermann der eine, Industrieller der andere, sind beide auf ihre Weise Kultur Schaffende im Ruhrgebiet. Manfred Bissinger hat sie dazu befragt

v.l.n.r.: Bissinger, Müller, Flimm

# »Diese Landschaft ist wie ein Schwamm«

MERIAN Die RAG engagiert sich heftig für Essen als Europäische Kulturhauptstadt. Was versprechen Sie sich davon?
MÜLLER Essen ist die Metropole des Ruhrgebietes. Wir wollen in Deutschland und Europa den Ruf dieser Region aufpolieren. Es ist zu wenig bekannt, welch großartige Kulturlandschaft hier gewachsen ist. Welche unvergleichlichen künstlerischen Leistungen hier vollbracht werden. Dem Ruhrgebiet wird noch zu oft mit Vorurteilen begegnet.
MERIAN Herr Flimm, von Dr. Müller stammt die These, die Kultur des Ruhrgebietes sei attraktiver als beispielsweise die von Berlin oder München. Können Sie das bestätigen?
FLIMM Das ist so. Was hier an Opern, an Theatern aufgeführt wird, kann überall mithalten. Das Bochumer Schauspielhaus hat zum Beispiel eine längere, eine wichtigere Tradition als das Deutsche Theater in Berlin. Hier arbeiten immer die richtig tollen Intendanten, hier haben entscheidende Innovationen stattgefunden. Die Essener Oper steht der Staatsoper Unter den Linden in nichts nach. Sie ist sogar besser, obwohl ihr wesentlich weniger Geld zur Verfügung steht. Diese Reihe lässt sich fortsetzen. Ich weiß nicht, ob die Ruhrgebiets-Museen mit der Museumsinsel in Berlin mithalten können, aber die Konzerthäuser hier sind alle sehr gut. Die Menschen wissen es nur nicht so, weil sich das über eine größere Fläche erstreckt. Und deshalb rückt das nicht so in den Brennpunkt. Essen und das Ruhrgebiet als Kulturhauptstadt 2010 wird der Region unglaubliche Aufmerksamkeit verschaffen.
MERIAN Weiß man denn, wie sich der Titel „Kulturhauptstadt" auf andere Städte ausgewirkt hat, beispielsweise auf Graz oder Glasgow? Hat er in den Städten und deren Kultur nachhaltige Spuren hinterlassen?
FLIMM Graz ist eine Stadt, Essen steht für eine ganze Region. Städte haben Grenzen, da kann auf wenig Raum viel vitalisiert werden. Fahren Sie doch mal quer durchs Ruhrgebiet, da kommen Sie dauernd an Industriedenkmalen vorbei, da sehen Sie Richard Serras Skulpturen, da entdecken Sie die tollsten Installationen. Hier passiert einfach jetzt schon viel. Im Rahmen der Kulturhauptstadt wird es weitergehen. Diese Landschaft ist wie ein Schwamm, der alles aufsaugt, um es den fast sechs Millionen Einwohnern weiterzugeben. Das kann man mit einem Städtchen wie Graz nicht vergleichen.
MERIAN Aber, Herr Flimm, muss man nicht auch fragen, was vom Feuerwerk Kulturhauptstadt übrig bleibt?
FLIMM Glasgow oder Graz zu verändern ist nicht einfach, das sind ehrwürdige, alte Städte, und da zieht so eine Kulturhauptstadt zum einen Stadttor rein und zum anderen wieder raus. Da bleibt nicht viel übrig. Hier wird es ganz anders sein. Hier kann sich die Kultur ganz anders etablieren, hier lassen sich neue Entdeckungen machen, hier können neue Zentren gebildet werden. Hier werden die Lichter auch noch brennen, wenn die Karawane längst weitergezogen ist. Und die Menschen werden ihre Region noch mehr lieben als schon zuvor.
MÜLLER Ich muss Herrn Flimm ergänzen. Es geht ja nicht um Eintagsfliegen oder nur Veranstaltungen für das Jahr 2010. Schon heute haben wir im Ruhrgebiet mehr Museen als in Berlin und weit, weit mehr Hochschulen, selbst eine Kunsthochschule von Rang zieht Studenten an.
FLIMM Ja, die Folkwang-Schule.
MERIAN Gibt es im Ruhrgebiet nicht schon sehr viele Events, auch solche, die die RAG unterstützt? Eines davon ist die RuhrTriennale, der Herr Flimm vorsteht. Glauben Sie, dass die Menschen Aufnahmebereitschaft für noch ein Großereignis zeigen?
MÜLLER Wir haben die Ruhrfestspiele, die RuhrTriennale und das Klavierfestival Ruhr. Alles Ereignisse, die einen Kartenverkauf von jenseits der 80 Prozent verbuchen. Vom 1. Mai bis Ende Oktober

ist jeden Abend was los. Das Ruhrgebiet wird auch in dieser Frage unterschätzt.

**FLIMM** Das ist keine Region von Stubenhockern oder Fernsehguckern, die Menschen hier sind mobil. Es hat sich gezeigt, dass die Festivals nicht mal den Theatern die Zuschauer wegnehmen. Von Duisburg bis Dortmund werden die Säle immer voller.

**MERIAN** Mit Hilfe der RAG konnte Essen bei der Vorentscheidung zur Kulturhauptstadt schon einige Städte aus dem Rennen werfen.

**MÜLLER** Fünfzehn! Selbst so namhafte wie Münster und Köln. Unsere Bewerbungskampagne unterschied sich von anderen Städten gerade auch dadurch, dass wir sie populärer angelegt haben und damit auch die breite Bevölkerung erreichen konnten. So haben wir die Essener Unternehmenszentrale der RAG mit Fotos von Bürgern des Ruhrgebietes verhüllt. Zehntausende haben sich beteiligt. Unser Erfolg war eine Art Leuchtfeuer für den Strukturwandel des Ruhrgebietes. Und wir werden diese Überraschungen fortsetzen. Wir haben die Bürger eingeladen, 100 000 Liebeserklärungen an das Ruhrgebiet zu schreiben oder zu zeichnen. So soll ein neues, ein einzigartiges Bild vom Revier entstehen. Der renommierte Künstler Otmar Alt wird aus den Texten und Bildern ein Kunstwerk fertigen, mit dem dann unser Haus ein weiteres Mal verhüllt wird. Ähnlich der Aktion im Frühjahr 2005.

**MERIAN** Und Sie, Professor Flimm? Können Sie uns den Unterschied zwischen RuhrTriennale und Salzburger Festspielen erklären, wo Sie ja demnächst auch Intendant sein werden?

**FLIMM** Die RuhrTriennale wurzelt mehr in der Wirklichkeit als jedes andere Festival auf der Welt. Es ist ein Festival, das in diesen alten, wunderbar restaurierten Hallen spielt und viel Geschichte atmet. Die Politiker haben Großes geleistet, indem sie das industrielle Erbe nicht einfach untergehen ließen. Die Hallen haben Würde. Sie dokumentieren auch die schrecklichen Zeiten, als die arbeitende Bevölkerung noch schwer malochen musste. Vor einer solchen Kulisse zu spielen, Theater, Ballett, Konzerte aufzuführen, das ist phantastisch. In Salzburg ist es ganz anders. Das ist eine alte klerikale Stadt, mit einem klerikalen Kern. Eine Barockstadt, also genau das Gegenteil von Essen. Ich werde jetzt nicht sagen, was ich schöner finde.

**MERIAN** Warum nicht? Wie unterscheiden sich die Festivals?

**FLIMM** Beide Spielorte sind nicht vergleichbar. In Salzburg ist alles viel teurer. Das Festival ist schwach subventioniert. Hier ist es umgekehrt. Die Karten können billiger sein; also es kann auch jeder hingehen. Das ist der wesentliche Unterschied.

**MÜLLER** Salzburg existiert 80 Jahre. Im Ruhrgebiet beackern wir Neuland. Herr Flimm ist erst der zweite Intendant.

**MERIAN** Warum unterstützt die RAG denn die RuhrTriennale? Warum geben Sie für Kultur Geld aus?

**MÜLLER** Wir sind als Unternehmen Teil des gesellschaftspolitischen Prozesses. Das heißt, wir wollen uns bekennen und schon deshalb auch für die Kultur Verantwortung übernehmen. Sich im Kulturbetrieb zu engagieren heißt, auch zur Finanzierung beizutragen. Wie die Menschen hier identifizieren wir uns mit der Region.

**MERIAN** Sie verlangen keine Gegenleistung?

**MÜLLER** Doch, wir verlangen – das ist natürlich ein bisschen teurer – attraktive Künstler. Wir verlangen nichts, was die Inhalte betrifft. Aber beispielsweise beim Klavierfestival Ruhr erwarten wir schon, dass bei den 80 bis 90 Pianisten, die hier en suite Abend für Abend auftreten, runde 20 zur allerersten Weltkategorie gehören.

**MERIAN** Könnte die RuhrTriennale nicht auch ohne Sponsoren stattfinden?

**FLIMM** Das ginge nicht. Aber der

## »Gemeinsame Werte sind die eine Sache. Das andere ist, sie auch zu leben«

Müller

Flimm

Sponsor kann nicht den Hauptfinanzier ersetzen.
MÜLLER Der ist nach wie vor das Land Nordrhein-Westfalen.
FLIMM Und muss auch bleiben …
MÜLLER … weil wir die erste Reihe auch weiterhin für vielleicht 15 Prozent des Kartenpreises von Salzburg anbieten wollen. Das ist einer der Unterschiede, auf die wir als Sponsor Wert legen.
MERIAN Es wird oft gesagt, die Kultur müsse staatsfrei sein. Und dürfe deshalb auch kein Geld vom Staat nehmen.
FLIMM Das wäre völliger Blödsinn!
MÜLLER Die Kultur ist staatsfrei. Ich halte aber die Frage für diskutabel, ob die Wirtschaft sich in toto nicht deutlicher engagieren müsste? In Amerika beispielsweise ist das Kulturleben weit mehr von Initiativen der Wirtschaft getragen. Wenn hier beispielsweise in der Debatte um die Senkung der Unternehmensteuern mit dem Ausland, mit Amerika, argumentiert wird, dann müsste irgendwann auch mal auf die Leistungen der amerikanischen Wirtschaft für die Gesellschaft hingewiesen werden. Die sind nämlich ungleich höher als bei uns. In diesem Kontext würde ich eine Steuersenkungs-Diskussion auch gerne bei uns führen.
MERIAN Würden Sie denn befürworten, dass der Staat die Leistungen der Industrie für Kultur und für öffentliche Aufgaben steuerlich anders bewerten soll, als er das bislang tut?
MÜLLER Man kann darüber reden. Unter dem Motto: „Wir zahlen etwas weniger Steuern und erklären uns bereit, dafür Aufgaben aus dem öffentlichen Leben zu übernehmen.“
MERIAN Herr Flimm, könnte das die Lage der Kultur entscheidend verbessern?
FLIMM Betrachten Sie doch mal die deutsche Geschichte. Erst waren die kleinen Fürsten die Mäzene und unterhielten Theater, Orchester, Gemäldesammlungen. Nach der Revolution haben das die Bürger übernommen und getragen. Für mich ist das eine der guten, tollen deutschen Traditionen. Dadurch haben wir diese reiche Kulturlandschaft, unvergleichlich mit dem Rest der Welt. Der Staat gibt heute etwa zwei Milliarden im Jahr. Dies aber kann man nicht privatisieren.
MERIAN Würde denn eine Industrie, die die Kultur finanziert, sie nicht auch ihren Zielen unterordnen wollen?

**FLIMM** Ich kenne keinen einzigen Fall, wo ein Geldgeber, der ein Theater oder ein Konzert oder was auch immer oder ein Museum unterstützt, sagt: „Hören Sie mal, jetzt spielen Sie mal bitte das Stück, aber so, dass ich das wieder erkenne."
**MERIAN** Gilt nicht der Spruch: „Wer zahlt, schafft an"?
**FLIMM** Das ist kein taugliches Prinzip für eine demokratische Gesellschaft.
**MERIAN** Herr Flimm, wie finanziert sich denn ein Theater?
**FLIMM** Sponsoring macht nicht mehr als rund sechs Prozent aus. Dann 20 Prozent Einnahmen aus dem Kartenverkauf. Damit wären wir bei rund 26 Prozent. Den Rest gibt der Staat.
**MÜLLER** Es gibt auch andere Beispiele. Das Klavierfestival Ruhr, immerhin mit Kosten von zweieinhalb Millionen, ist zu 100 Prozent aus der Wirtschaft und dem Kartenverkauf finanziert.
**MERIAN** Herr Flimm, würden Sie bestätigen, dass Kultur so eine Art Grundnahrungsmittel ist und dass ohne dieses Grundnahrungsmittel eine Gesellschaft weder atmen noch leben kann?
**FLIMM** Ich habe mal zu jemandem gesagt: „Gut, dann schließen wir die Museen, oder wir verkaufen alle van Goghs und hängen stattdessen beste Drucke von van Gogh an die Wand." Das wollte der dann doch nicht und sagte: „Nee, das wäre ja nicht dasselbe." Da habe ich gesagt: „Über den Unterschied muss man nachdenken, denn der macht Kultur aus." Der Unterschied, dass es nicht reproduzierbar ist, das ist der entscheidende Punkt.
**MERIAN** Herr Dr. Müller, Sie haben einmal gesagt: „Gemeinsame Werte zu haben ist eine Sache, das andere ist, diese Werte auch zu leben." Was bedeutet das für die Kultur?
**MÜLLER** Dass es nur ein halber Schritt ist und insofern ein wertloser, wenn Sie beispielsweise verbal für kulturelle Ziele eintreten, aber selbst handfest nichts dazu beitragen wollen.
**MERIAN** Das heißt, wenn Sie sagen: „Mein Unternehmen ist der Kultur verpflichtet" und dann nichts geben – dann wäre das ein Fehler?
**MÜLLER** Natürlich verteilen wir nicht mit der Gießkanne. Wir prüfen sehr genau, was und wen wir unterstützen. Es muss der Region und ihren Menschen angemessen sein. Sie müssen sich mitengagieren können.
**MERIAN** Herr Dr. Müller, was schätzen Sie an Künstlern? Anders gefragt, könnten Sie sich vorstellen, auch mal selbst zu inszenieren?
**MÜLLER** Was ich an Künstlern schätze, ist, dass sie einfach in einer anderen geistigen Umgebung leben. Ich profitiere aus Begegnungen mit ihnen. Manches Mal bin ich sogar neidisch, weil vieles, was Sie in einem Industriebetrieb zu veranstalten haben, eben viel genormter ist und schwer veränderbaren Prozessen unterworfen ist.
**MERIAN** Also eine Inszenierung nicht möglich ist?
**MÜLLER** Doch. Aber was kann ich inszenieren? Schon ein Politiker ist freier. Wenn er gut ist, kann er sogar bis zu Tränen rühren. Ich könnte mir durchaus vorstellen, mal ein Orchester zu dirigieren. Das wäre nicht zu verachten. Vorerst aber muss das Gespräch mit dem Dirigenten oder dem Intendanten reichen. Man muss tun, was möglich ist.
**MERIAN** Und wie ist das mit dem Intendanten und Regisseur? Kann der sich vorstellen, ein Unternehmen zu führen? Manager zu sein?
**FLIMM** Ich war ja mal Manager des Jahres. Beim *manager magazin*, weil es damals in Hamburg beim Thalia Theater so toll lief. Da ging es nämlich um öffentliches Geld. Wer damit nicht gut umgeht, wird mit Recht gezaust. Aber so einen richtigen Vorstandsvorsitzenden zu machen, das wäre mir ein Rätsel. □

**Dr. Werner Müller** *ist Vorstandsvorsitzender der RAG.*
**Prof. Jürgen Flimm** *ist Intendant der RuhrTriennale.*
**Manfred Bissinger** *ist Herausgeber von* MERIAN.

Bis 1993 arbeitete die Kokerei auf Zollverein. 800 Meter lang, eine monströse Anlage, und nach nur 30 Jahren Betrieb schon wie aus einer anderen Zeit

# Kohle, Tod und Zukunft

Zeche Zollverein ist Monument einer brachialen Geschichte. Sie erzählt von Gewalt und Arbeit, von Abbruch und Aufbruch

**Text: Roland Benn, Fotos: Katrin Trautner**

Auf dem Weg vom Arbeitsplatz über das Denkmal zum Freizeitpark hat Zollverein große Schritte gemacht. Das Riesenrad durchfährt die Öfen der Kokerei. In deren Restaurant speist man edel, aber wie auf Schicht

# Feierabend für immer

# Ein Kessel Schönes

In den Innereien des Kesselhauses stellt das Red Dot Design Museum preiswürdig schöne Dinge aus. Norman Foster hat die Wanderrostkessel halbiert und so den edlen Dingen einen rostroten Rahmen gegeben

# Aufgebrochen aus Ruinen

Wer das Gelände erkunden will, mietet sich am besten ein Fahrrad. Vom alten Förderturm auf Schacht 1 kommt man über verschlungene Pfade ins Werksschwimmbad, eine erfrischende Installation von Dirk Paschke

# Geschichte von oben und unten

**Im August des Jahres 2005** erzählten in der Kokerei Zollverein erschütternd-schauerliche Bilder von den Toten und den Verlorenen. Bilder, die einsamen und verschütteten Seelen eine brüchige Stimme geben, Töne in höllischen Räumen, die von der Welt dort unten künden.

Die Regisseurin Andrea Breth hat mit ihrer Inszenierung „Nächte unter Tage" auf einen Stoff von E. T. A. Hoffmann zurückgegriffen und mit einer bewegenden Inszenierung die Ruhrtriennale eröffnet. Bei Hoffmann geht Elis Fröbom hinab in die Tiefen des Berges und seiner Seele. Er verfällt dem Zauber des Untergrundes, sein toter Körper bleibt ohne Verwesung im tiefen Berg, bis er nach langen Jahren geborgen und von einer alten Frau wiedererkannt wird, die ihn einst als junges Mädchen liebte.

Diese Figur, die E. T. A. Hoffmann in der Erzählung „Die Bergwerke zu Falun" beschreibt, hat er nicht erfunden; er fand sie in den „Ansichten von der Nachtseite der Naturwissenschaft" (Dresden, 1808), einem Bestseller der frühen Romantik. In ihm wiederum wird unter vielem anderen auch die Geschichte eines Fundes in der schwedischen Bergwerksstadt erzählt, wo zu Beginn des 18. Jahrhunderts eine in Vitriolwasser erhaltene Leiche aus dem Bergwerk geborgen wird. Erst diese Geschichte ist wahr, alles Weitere ist Kunst.

Mit solch verschlungenen Wegen muss rechnen, wer die Anlage betritt, die heute Weltkulturerbe ist, die seit noch nicht einmal 20 Jahren auf ohrenbetäubende Weise stillliegt und dennoch immer von dem zu vibrieren scheint, was in ihr und unter ihr geschehen ist.

Wer heute das Weltkulturerbe Zeche Zollverein kennen lernt, sieht die industrielle Moderne in den verschiedenen Stadien ihrer Entstehung und ihres Verfalls. Die vom Bauhaus inspirierte Anlage mit ihrer revolutionären Bauweise bietet Raum für Kino und Theater, für Museen und Ausstellungen. Vom feinen Restaurant „Casino Zollverein" zu den Installationen von Ilya und Emilia Kabakov in der Kokerei führt der Weg zwar noch immer durch Rost und Röhricht, aber Zollverein, das ist heute immer weniger vergangene Industriekultur als vielmehr aktuelle Hochkultur einer Metropole.

Als die Architekten Fritz Schupp und Martin Kremmer die Zeche und ihre Gebäude anlegten, waren sie weit von einer Zeit entfernt, in der man Industrie und Kultur in einem Wort verband. Niemals hätten sie mit einer Auszeichnung gerechnet, als sie Hallen bauten, die nicht von Wänden getragen werden, sondern von Stahlskeletten, an denen sichtbaren Außenwände aufgehängt sind. Wände aus nur einer Schicht roter Ziegel in einem Stahlfachwerk, das jederzeit geöffnet, aus- und umgebaut werden kann. Zollverein war schon in der Vergangenheit Zukunft.

Während sich die Zeche heute einer ganz anderen Zukunft zuwendet und Kultur, Design und allem anderen Künstlerischen einen Ort bietet, drängen an allen Ecken die Geister der Vergangenheit nach oben. Wer hier nach vorn schaut, wird wenig erkennen, wenn er nicht auch zurückschaut, und wer das tut, muss den Blick auch nach unten richten: 1000 Meter tief, dort, wo die Kohle liegt. So ist Zollverein immer Geschichte, und die erzählt immer von oben und unten.

**Norman Foster hat im ehemaligen Kesselhaus** die wohnhausgroßen Kessel aufgeschnitten, der Besucher steigt durch eine Anlage, der man noch heute ihr einstiges Gebrüll und ihre drückende Hitze anmerkt. Das Red Dot Design Museum hat sich hier niedergelassen und präsentiert all die schönen Dinge, die es prämiiert hat: Rennräder vor rostigen Leitungen, Armaturen vor bröckelnden Ziegeln, reizvolle Gegensätze. Im Übermaß vertreten sind Badmöbel, zukunftsweisende Bidets, puristische Wannen, durchdachte Duschköpfe. Der Kontrast zum Gebäude ist vehement, er erscheint aber gleich nebenan noch auf anderer Ebene: Etwa 200 Meter entfernt, bei Schacht 1/2/8, steht die größte Waschkaue der Anlage, ein Backsteinbau der 1900er-Wende, in dem sich 3000 Bergleute waschen konnten und ihre Kleidung an Ketten an die Decke hängten. Grobe Fliesen, um Schönheit kein Bemühen.

Die Wasserstraße der Kokerei verleiht der Anlage heute ein surreales Flair. Im Winter laufen die Besucher hier Schlittschuh

Das kam erst später. Heute erinnert nur noch das „Kachelfoyer“ an die Zeit, als sich die Hauer ein Gemisch aus Schweiß, Steinstaub und öligem Kohledreck von der Haut kratzten, dahinter: Bühne, 400 Sitzplätze. Darunter: Tagungsräume, Ballettstudio. Verfeinerte Sitten. An manchen Stellen in Zollverein riecht es noch nach Öl, nach Staub, nach Brand. Nach Schweiß, nach Mensch riecht es nicht mehr.

In der Waschkaue war auch der Totenraum, der einzige im Ruhrgebiet, der kein eigenes Gebäude hatte. Das Totenhaus gehörte dazu, für viele Angehörige von Bergleuten war dies der einzige Raum einer Zeche, den sie je sahen. Ansonsten war das Betreten der Anlage verboten, aber immer wieder kam einer in die Siedlung und klopfte an die Tür und bat die Frau, die Mutter, den Sohn, auf die Zeche zu kommen. Und das hieß: ins Totenhaus. Schlagende Wetter (die Grubengasexplosionen), Wassereinbruch, abgestürzte Förderkörbe. Wie in dem schlimmen Jahr 1941, als 29 im Schlagwetter umkamen.

**Aber das war nicht Alltag.** Alltag war vielmehr: mit 48 Jahren Steinstaublunge – der Steinstaub war gefährlich, nicht so sehr der Kohlestaub, den konnte man raushusten –, dann noch ein paar Jahre, die letzten davon sitzend im Bett: keine Luft. Oder Hammerfinger: Sehnenverkürzung durch die Arbeit mit bloßen Händen an den Pressluftmaschinen. Irgendwann gehen die Finger nicht mehr grade, kann man keinen Löffel mehr halten, keine Hose mehr selbst anziehen. Und das war nicht 19. Jahrhundert, das ist fast Gegenwart, noch in den 50er Jahren fuhren die Bergleute ohne Helm ein, ohne Arbeitshandschuhe, nur mit ihrem „Arschleder“, auf das sie sich in den engen Stollen knien und legen konnten.

Niemand hat die Opfer gezählt, die die Industrialisierung Deutschlands seit dem 19. Jahrhundert gefordert hat, es müssen Hunderttausende gewesen sein. Und doch war die Arbeit unter Tage nur zum Teil Fron, sie war auch Privileg. Sehr gut bezahlt, hoch angesehen. Aber sie war ganz unten. Oben waren andere.

Vor dem Förderturm, mittlerweile Wahrzeichen des Ruhrgebiets: der Ehrenhof. Empfangsplatz für hohen Besuch, für Staatsgäste, Entscheider. Von rechts kam der Bergwerksdirektor den langen Weg vom Kesselhaus geschritten, der länger erscheint, als er ist, nur die Laternen werden immer kleiner, um die Perspektive zu verstärken. Dann hatte jeder in den Gebäuden zu verschwinden, und diese Anweisung galt auch, wenn kein hoher Besuch anstand.

Meist aber standen auf dem Platz schon: Staatssekretäre, Stahlbarone, Regierungschefs. Sie wollten Kohle. Kohle für Hochöfen, Kohle für Kraftwerke, Kohle fürs Gas, Kohle zum Heizen. Mehr Kohle, immer mehr. Gute, fette Steinkohle. Gepresste Wälder aus dem Karbon. Und Zollverein konnte liefern: Aus dem Essener Eiffelturm knallte Förderkorb um Förderkorb nach oben, schnell und sicher, Tonne um Tonne, sagenhafte 12 000 an jedem Tag. Mit weitem Umfeld, auf fast 14 Quadratkilometern: Schächte, elf Stück, manche 800 Meter tief, die späteren bis auf 1100 Meter.

**Zwischen den Schächten** in einem dreidimensionalen System aus Förder- und Transportschächten, aus Vortrieben und Toten Männern und alles miteinander verbunden. Ab 1932 spuckte der große Zollverein-Förderturm alles aus, was die Erde hergab. Zollverein war die bedeutendste und modernste Zeche der Welt.

Heute sprießen Kräuter aller Arten auf dem Gelände, auf den Halden suchen Botaniker nach seltenen Varietäten, und wo einst Staub und Öl alles Leben unmöglich machte, kredenzt das „Casino Zollverein“ feinste Speisen. Die Gastronomen haben eine Gesellschaft gegründet, die das brache Land nutzen soll, um auf knapp zwei Hektar Fläche seltene Nutzpflanzen anzusiedeln, die Banana-Legs-Tomate etwa oder die Braunschweiger Dunkelblutrote Zwiebel. So wird postmodernes Bauernland geschaffen, wo vor gar nicht so langer Zeit schon einmal gesät und geerntet wurde.

Unten an der Ruhr hatten die Bauern schon seit Jahrhunderten die Kohle vom Feld geholt, sie waren die ersten in Deutschland, die sich damit die Winter erträglich machten. Die Flöze

**Eine Bauhaushülle über Stahlskeletten. Auch das Kesselhaus folgt dem strengen kubischen Prinzip der Zollvereins-Architekten in den späten Zwanzigern**

treten hier zu Tage, aber die Schichten verlaufen schräg, nach Norden sinken sie ab, auf 1000 Meter in Essen, auf 1400 in Kamen. Theoretisch könnte man auch in Bremen noch Steinkohle abbauen: in sechs Kilometer Tiefe. So ist der Bergbau immer weiter gewandert bis zu den letzten Zechen, die heute noch am Nordrand des Ruhrgebiets arbeiten und darauf warten, dass ihr Zeitfenster sich schließt.

**Wie ihnen ging es vor 170 Jahren den Menschen** von Katernberg, Stoppenberg und Schonnebeck. Auf dem Grubenfeld hatten knapp 1200 Bauern gelebt, Kühe und Schweine gehalten und die Felder bestellt. Was wurde aus ihnen, als Franz Haniel 1847 die ganze Gegend aufkaufte, ein Jahr später den ersten Schacht abteufen ließ und bereits 1851 die erste Kohle verkaufen konnte? Wer trieb die Kuh zum Schlachthof, trug die letzten Hühner auf den Markt, brachte noch die Gerste ein, bevor er den Bauernkindern folgte, die mit zwölf Jahren unter Tage Loren schoben?

Der Bergbau in Preußen, zuvor verstaatlicht, wurde 1851 durch das „Gesetz über die Verhältnisse der Miteigenthümer eines Bergwerks" weitgehend privatisiert. Schon im ersten Jahr holten 256 Bergleute mehr als 13 000 Tonnen Kohle aus der Erde. 40 Jahre später waren es 2488 Menschen und mehr als eine Million Tonnen.

In den 50er Jahren des 19. Jahrhunderts führte eine wachsende Nachfrage zu einer gewaltigen Steigerung der Eisenerzeugung im Ruhrgebiet. Und damit des Kohleverbrauchs, ein Boom, der dauerte, der Europa seine Eisenbahnen bescherte und Kaiser Wilhelm seine Flotte.

1932 begann der Höhenflug der Zeche Zollverein. Es waren die Jahre des Stahls und der Kohle, die Erde erzitterte unter dem Stampfen der Maschinen, und bald sollte sie vom Blutrausch einer entfesselten deutschen Kriegsmaschinerie erzittern. Hitlers Rüstungswirtschaft brauchte Rohstoff in gewaltigen Mengen. Im Ruhrgebiet wurden die Arbeiter knapp, zwar konnten die Zechen ihre Belegschaften bis Ende 1941 weitgehend vor der Einberufung in die Wehrmacht schützen, dann aber war Schluss mit den Privilegien, die Mannschaften dünnten aus, aber Ersatz stand bereit: Fremdarbeiter, Zwangsarbeiter.

**Erst die wenigen Freiwilligen** aus Italien, Kroatien, Holland und Belgien, dann Polen und Tschechen, später die Russen. Zwangsarbeiter, unterernährt und ohne Ausbildung. Zuerst steckte man sie noch mit deutschen Kumpels zusammen, aber sie störten den Arbeitsablauf, wurden geschlagen, brachen tot zusammen und belegten Platz in den Förderkörben. Schließlich schickte man die Leute in die „Russenschichten", da waren sie unter sich, und sie starben unter sich.

Die Arbeiter wurden in den eroberten Gebieten der Sowjetunion zusammengetrieben, Arbeit unter Tage war von den NS-Schergen als Strafe für die als minderwertig eingestuften Russen gedacht. Die ersten kamen aus den ukrainischen Erz- und Kohlebergbaugebieten, darunter bald auch Frauen und Jugendliche. Sowjetische Kriegsgefangene wurden seit Juli 1943 in Massen in den Ruhrbergbau geschickt. Im Januar 1943 kam von den rund 376 000 Bergarbeitern etwa jeder Fünfte aus der Sowjetunion. Im August 1944 machten die mehr als 120 000 Kriegsgefangenen, „Ostarbeiter" und Militärinternierten ein Drittel der Gesamtbelegschaft aus. Auf manchen Zechen fuhren im Sommer 1944 fast nur noch Zwangsarbeiter in die Stollen.

Von den sowjetischen Kriegsgefangenen waren bereits 3,5 Millionen in deutschen Lagern umgekommen. Für die Überlebenden, die Anfang 1942 halb verhungert und schwer krank auf den Zechen eintrafen, war die Arbeit im Berg das Todesurteil.

Im August 1942 berichtete ein Dortmunder Bergrevierbeamter, dass russische Kriegsgefangene in der Grube oft nach kurzer Zeit zusammenbrächen und mit der Bahre oder auf sonstige Art nach über Tage gebracht werden müssten. Ein großer Teil kam in den Lagern um. Viele versuchten die Flucht, Selbstverstümmelung oder Selbstmord waren keine Einzelfälle.

Im Februar 1944 berichtete ein Lagerarzt bei der Firma Krupp in Essen, dass in einem zerstörten Lager

# Keiner will die Zeche zahlen

für französische Kriegsgefangene „die Leute … in Aschenbehältern, Hundeställen, alten Backöfen und in selbstgefertigten Hütten" hausten. Ähnliche Verhältnisse dürften in manchem Zechenlager geherrscht haben.

Bedenken gegen diese mörderische Ausbeutung gab es im Ruhrbergbau, wie in der deutschen Wirtschaft überhaupt, kaum. Die Erinnerung daran ist fast erloschen. Das Deutsche Bergbau-Museum Bochum hat hervorragende Recherche zum Thema geleistet. An dem Ort jedoch, an dem das Erinnern seinen besten Platz hätte, ist dieser Teil der Geschichte nicht präsent. Das Weltkulturerbe Zollverein und seine Stiftung haben andere Probleme.

Denn die Gleichstellung der Zeche mit dem Kloster Maulbronn oder dem Limes wird zwar den Verfall aufhalten, aber ohne Kommerzialisierung kann das kaum funktionieren. So wird beim Umbau der Kohlenwäsche zum Standort des Ruhrlandmuseums beeinträchtigt, wenn nicht gar zerstört, was vorher zu sehen war: der Weg der Kohle vom Rohstoff zum Endprodukt. Kritiker der Umnutzung befürchten sogar, dass der Unesco-Status dadurch in Gefahr gerate. Das ist unwahrscheinlich, aber der Konflikt zwischen Bewahrung und Nutzung bleibt bestehen, denn meist ist er eine reine Geldfrage.

Heute ist es schwer, in den Tempeln der Schwerstarbeit eine Beschäftigung zu finden. Das Welterbe strebt und bemüht sich, aber es trägt sich nicht, und die Pläne, echte Arbeit und echtes Geld in den Ruinen des Kapitalismus anzusiedeln, wollen nicht recht gelingen. Dabei sind Unternehmen, die hier Miete zahlen und ihren Beitrag zur Erhaltung der Substanz leisten, dringend nötig, aber als Standort ist ein Weltkulturerbe wenig attraktiv. Vor Jahren sollte ein Vier-Sterne-Hotel in den Kühltürmen der Kokerei entstehen, doch Steigenberger sprang nach kurzem Überlegen wieder ab. Andere folgten.

**Heute setzt die Entwicklungsgesellschaft Zollverein** auf ein anderes Pferd, ein edleres: Design. Ihr Geschäftsführer Roland Weiss propagiert ein neues Label: „Der Name ‚designstadt zollverein' wird zum Programm des Areals", sagt er. Auf 35 000 Quadratmetern sollen Firmen und Existenzgründer aus jenem Bereich Platz finden, der Form und Funktion glücklich vereint.

Den Anstoß für den Schritt ins neue Zeitalter soll die Entry 2006 liefern, eine Art Weltausstellung des Designs und der Architektur, ein 100-tägiger Marathon der Gestaltung, ein Themen-Parcours in der Kohlenwäsche der Zeche Zollverein, die bis zur Eröffnung am 26. August hoffentlich renoviert ist.

„Das Design-Forum ist kein Selbstzweck", sagt der Essener Oberbürgermeister Wolfgang Reiniger dazu, wichtig sei vielmehr, dass Arbeitsplätze entstünden. Internationales Design und innovative Architektur stellten dafür den Zellkern dar. Ein wenig klingt das nach Pfeifen im Walde, denn niemand weiß, wie groß der Bedarf an Designern wohl sein mag und ob in Zukunft Gestaltung wichtiger ist als Technik. Und wer in Bochum bei Opel aufhört, wird kaum beim Design auf Zollverein anfangen.

Viele Millionen Euro kostet die Schau, „ein erheblicher Teil des Gesamtbudgets wird auch für die technische Entwicklung der Freiflächen ausgegeben", sagt Roland Weiss. Das möge gelingen, allerdings folgen alle Investitionen am Ende ökonomischen Kriterien, weshalb sich diverse Initiativen, wie etwa der „Bürger- und Handwerkerpark" oder das Gründerzentrum „Triple Z", zwar auf Zollverein niedergelassen haben, allerdings in den Bereichen, die nicht zum Welterbe gehören. Arbeitslosigkeit ist bei aller Zukunftsfreude der Planer das Thema Nummer eins im Pott, und die Menschen in der Nachbarschaft der Zeche haben die Zeit noch nicht vergessen, als man auf Zollverein Arbeit fürs Leben fand.

Am Ende der Kokerei führt ein Trampelpfad durch hohes Gestrüpp an der Anlage vorbei. Dort, im vergessenen Teil des Erbes, steht eine brüchige Holzhütte und in ihr ein Tisch, auf dem eine Ausgabe der Bildzeitung vom August 1993 liegt, jenem Jahr, als die Kokerei geschlossen wurde. Sie liegt dort, als habe sie erst gestern jemand liegen gelassen. Es war ja auch erst gestern. □

**Schacht XII (unten), dahinter die Kohlenwäsche und oben die Kokerei: nur ein Teil der Riesenanlage**

## MERIAN | TIPP Projekte und Adressen

### (E3) Zeche Zollverein

Das Welterbe Zeche und Kokerei Zollverein ist ein lebendiges Kulturzentrum: Neben dem im Kesselhaus ansässigen Designmuseum sind der „Kunstschacht Zollverein" auf Schacht 1/2/8 oder das „Erfahrungsfeld zur Entfaltung der Sinne" auf Schacht 3/7/10 einen Besuch wert. Auch die Dauerausstellung **„Palast der Projekte"** von Ilya und Emilia Kabakov in der Kokerei ist sehenswert. Und irgendwo auf dem riesigen Gelände ist immer was los: Wechselausstellungen, Kino oder Konzerte. Natürlich kann man auch die bergbaugeschichtlich spannenden Bereiche besichtigen; das Ruhrlandmuseum soll nach Fertigstellung in die ehemalige Kohlenwäsche einziehen. Das „Casino Zollverein" rundet das Erlebnis gastronomisch ab.

**Zeche Zollverein Schacht XII**
**Gelsenkirchener Str. 181**
**Tel. 830 36 36**
**www.zollverein.de**
**besucherzentrum@zollverein.de**

### Führungen: Kohle und Kumpel

**Schacht XII und 1/2/8**

Startpunkt ist der Ehrenhof, der Weg führt vorbei an ehemaligen Werkshallen, dem Kesselhaus und dem früheren Zechenbahnhof. Nach einem Abstecher in das Innere der Übertageanlagen geht es dann zurück zu den historischen Wurzeln, in die Gründungsanlage von Schacht 1/2/8. Hier kann seit kurzem auch die Fördermaschinenhalle mit ihrer beeindruckenden Technik besucht werden.

*April bis Oktober:*
*Mo-Fr 14 und 16 Uhr (in den Schulferien auch um 11 Uhr)*
*Sa, So und an Feiertagen um 11, 13, 14, 15 und 16 Uhr*
*November bis März:*
*Mo-Fr um 14 Uhr (in den Osterferien auch um 11 Uhr)*
*Sa, So und an Feiertagen um 11, 13, 14, 15 und 16 Uhr*
*7 €/erm. 5 €*
*Dauer: ca. 2 Stunden.*

**Treffpunkt: Besucherzentrum, Halle 2, Zollverein Schacht XII. Anmeldung erforderlich (Tel. oder E-Mail, siehe links)**

### Die Kokerei

Die Weiterverarbeitung der Kohle erkundet der Besucher in der Kohlenmischanlage, er steigt den Koksöfen aufs Dach, in denen bei über 1000 Grad Celsius die Kohle zu Koks gegart wurde. Die fachkundigen Begleiter erklären Technik und Geschichte der Kokerei, aber auch den Wandel zum Industriedenkmal und zu einem Standort für Kunst, Kultur und Gewerbe.

*Mai bis Oktober:*
*Sa 14 und 16 Uhr, So und feiertags 11, 14 und 16 Uhr*
*November bis März:*
*Sa 14, So/Feiert. 14 u. 16 Uhr*
*4,50 €, Kinder unter 12 frei*
*Dauer: ca. 2 Stunden.*

**Treffpunkt: Eingang an der Mischanlage der Kokerei Zollverein, Arendahls Wiese**
**Info: Tel. (0231) 93 11 22 33**

### Kumpelführung

Ehemalige Kumpel der Zeche berichten bei einer Führung aus ihrem Arbeitsalltag. Ganz persönliche Erlebnisse, die in keinem Geschichtsbuch stehen. Danach gibt's Wein und Bier und noch viel mehr zu erzählen.

*Fr 19 Uhr, Dauer 3 Std., 15 € inkl. Getränke*

**Treffpunkt: Besucherzentrum, Halle 2, Zollverein Schacht XII. Anmeldung erbeten (Tel. oder E-Mail, siehe linke Spalte)**

### Red Dot Design Museum

Auf 4000 m² werden Exponate zeitgenössischen Designs ausgestellt. Hauptsächlich Gegenstände des täglichen Gebrauchs: Besteck und Küchenarmaturen, Möbel und Büroeinrichtungen. Das Museum im ehemaligen Kesselhaus der Zeche wurde von Norman Foster umgestaltet. Der „red dot design award" gehört zu den wichtigsten Designpreisen weltweit.

**Tel. 30 10 40, www.red-dot.de**

*Di-Do 11-18 Uhr,*
*Fr, Sa, So + Feiertag 11-20 Uhr*
*Erw. 5 € (6 € bei Sonderausstellung), erm. 3 €, Kinder unter 12 frei, Familien 15 €*

MIT KINDERN

### Erfahrungsfeld auf Zollverein

Rund 60 Versuchsstationen fordern und fördern Auge und Ohr, Nase, Tast- und Gleichgewichtssinn – nur die Zunge geht leer aus. Das von Hugo Kükelhaus entwickelte Weltausstellungsprojekt von 1967 hat hier eine Bleibe gefunden.

**Am Handwerkerpark 8-10**
**Tel. 30 10 30**
**www.erfahrungsfeld.de**

*Mo-Fr 9-18, Sa, So 10-18 Uhr, Gruppen werden um Anmeldung gebeten. Kinder 3 €, Schüler 5 €, Erw. 7 €*

### Familienschicht auf Zollverein

Ein spielerischer Rundgang über die Zeche Zollverein: In der Kinderkaue gibt's Bergmannskluft in Minigröße, und auch die Kohlensuche verspricht Spannung.

*Immer So 11 Uhr*
*Dauer: 1½–2 Std.*
*Anmeldung erbeten (Tel. oder E-Mail, siehe linke Spalte)*
*Kinder 5 €, Erw. 7 €*

Gute Spiele, schlechte Spiele, alte Zeiten, neue Ziele: Rot-Weiß ist Kult. Von **Christoph Biermann** (Text) und **Laura Hegewald** (Fotos)

# Wir kommen wieder

adidas
adidas

# Größte Erfolge im falschen Moment

Paul Nikelski muss vor fast sechs Jahrzehnten ziemlich verrückt gewesen sein, auch wenn man sich das inzwischen kaum mehr vorstellen kann. Heute wirkt er wie ein Gentleman alter Schule, doch damals saß Nikelski mit Freunden in der Kneipe und dichtete Lieder, die sie sonntags beim Spiel anstimmten, um Rot-Weiß Essen zu unterstützen. Und das nicht nur im eigenen Stadion, denn 1951 gründete er die „Interessengemeinschaft der Rot-Weiß-Freunde", die gemeinsame Busfahrten zu den Auswärtsspielen organisierte. Er wurde damit zu einer Zeit Gründer eines Fanklubs, als Fans in Deutschland noch Schlachtenbummler hießen.

Inzwischen lebt der 1926 geborene Nikelski in Ostwestfalen, hat seine Wohnung in Essen aber behalten. Dorthin reist er, wenn sein Verein spielt, und taucht für ein paar Stunden in die Welt ein, in der er auch den größten Teil seines Arbeitslebens verbracht hat, denn 1955 wurde der RWE-Fan Nikelski zum RWE-Geschäftsführer.

Wo er 34 Jahre lang gearbeitet hat, ist die Industriekulisse weitgehend geschleift. Essens Norden ist eine harte Gegend, und hart sind auch die Gesichter der Zuschauer, die ins Stadion kommen. Man sieht in vielen, dass Fußball einziger Trost eines schweren Leben ist. Oder ein Ventil für Frustrationen. Noch immer sind die Anhänger von Rot-Weiß Essen gefürchtet, obwohl sich ein Fanprojekt und der Klub selbst um die gewalttätige Klientel kümmern. An den Zäunen hängen rot-weiße Fahnen, deren Aufschriften das gefährliche Image feiern: Rude Boys, Ruhrpottkanaken, Blood-Red Boys.

„Es gibt Sponsoren, für die unser Klub nur wegen der Fans interessant ist", sagt Rolf Hempelmann. Der Vereinspräsident meint selbstverständlich nicht die Minderheit der Schläger, sondern den Umstand, dass selbst in der dritten Liga mehr als zehntausend Zuschauer die Rot-Weißen sehen wollen und im Stadion für eine ganz besondere

Das Loch im Westen: Wo die Tribüne abgerissen wurde, stehen heute ein paar VIP-Zelte. Jena verliert 1:2

Am Fanmobil gibt's alles, was die Begeisterung fördert. Und auch, was Papas Kindergarten überschaubar hält

Stimmung sorgen. Auf den Gängen der Geschäftsstelle hängen mehr Fotos, auf denen die Zuschauer zu sehen sind, als solche mit Spielern. Die Stars stehen auf den Rängen. Hempelmann, früher Englisch- und Sportlehrer und heute Bundestagsmitglied der SPD, wirkt wie ein Mann, der kämpfen kann. In den mehr als sieben Jahren, die er dem Klub vorsteht, ist das auch oft genug nötig gewesen. Denn mitunter stand gleich der ganze Klub in Frage, dessen Vereinsgeschichte seit über 50 Jahren einen Webfehler hat: „Rot-Weiß Essen hatte seine größten Erfolge leider im falschen Moment", sagt Hempelmann.

Als der gelernte Automobilkaufmann Paul Nikelski 1955 zu Rot-Weiß Essen kam, konnte er das nicht ahnen. Der Klub war im Sommer zum ersten Mal deutscher Meister geworden, und der Endspielsieg über den 1. FC Kaiserslautern mit seinen Weltmeistern Fritz Walter, Eckel, Liebrich und Kohlmeyer schien noch nicht Abschluss des Werkes jenes Mannes zu sein, den Nikelski noch heute fast andächtig den „großen Boss" nennt: Georg Melches, der Rot-Weiß Essen prägte, wie niemand zuvor und niemand seitdem in Deutschland einen Fußballklub geprägt hat. Der Sohn eines Betriebsführers der Zeche Emil-Emscher hatte von seinem Vater zu Weihnachten 1906 einen Fußball geschenkt bekommen. Georg Melches war damals 13 Jahre alt, und ohne dieses Präsent wäre die Geschichte des deutschen Fußballs anders verlaufen. Denn er gründete mit seinem Bruder und Jungen aus der Nachbarschaft im Essener Norden eine jener wilden Mannschaften, wie sie zu jener Zeit überall im Ruhrgebiet zwischen Zechen und Hochöfen zu kicken begannen, 1913 gründeten sie ihren eigenen Klub. Georg Melches selbst sollte zwar nie Präsident des Vereins werden, der ab 1923 Rot-Weiß Essen hieß, trotzdem war es bis zum Lebensende sein Klub.

Nach dem Zweiten Weltkrieg wurde er kaufmännischer Direktor eines Unternehmens, das weltweit Koksöfen baute, und nutzte dessen Verbindungen für den Verein. Mit dem Gastspiel von Wacker Wien begann 1949 eine lange Serie internationaler Spiele, bei denen der Klub nicht nur viel Geld verdiente. Auftritte in ganz Europa und eine achtwöchige Reise durch sieben Länder in Süd- und Nordamerika machte Rot-Weiß Essen Mitte der fünfziger Jahre zum international bekanntesten Klub aus Deutschland.

Die attraktiven Reisen machten RWE auch für Spieler anderer Klubs interessant, zudem investierte Melches viel Geld in den Aufbau seiner Mannschaft. 1951 etwa verpflichtete er für die damals abenteuerlich hohe Summe von 7000 Mark einen 22-jährigen Stürmer vom benachbarten Bergarbeiterverein Sportfreunde Katernberg, der nicht nur Vereinsgeschichte schreiben sollte: Helmut Rahn. Heute steht ein Denkmal für den Stürmer, dessen Tor zum „Wunder von Bern" wurde, hinter der Haupttribüne. Mit Rahn gewann Essen 1953 den ersten Titel, den DFB-Pokal, zwei Jahre später die Meisterschaft. Als Pelé 2005

Raue Schals, harter Kern: Was sich Essener Fußballfreunde gegen Erkältungen umlegen, gilt andernorts als Straftat

Deutschland bereiste, widmete er Rot-Weiß eigens ein Trikot, weil er Helmut Rahn noch hatte spielen sehen, und wurde sogar Vereinsmitglied.

Damit schien es erst richtig loszugehen, denn der Patron ließ nach dem Titelgewinn eine Tribüne bauen, die in Nachkriegsdeutschland Standards setzte. Das Dach war freitragend ohne störende Säulen, im Tribünengebäude gab es eine Turnhalle, die in einen Veranstaltungssaal verwandelt werden konnte. Die Umkleidekabinen verfügten über Massagewannen, Paul Nikelski bekam Geschäftsräume, und zu Besprechungen traf man sich im Klubzimmer. Siege wurden in der Vereinsgaststätte begossen, und für neue Spieler oder einen neuen Trainer stand eine Wohnung unterm Dach zur Verfügung. Schon 1956 war an der Hafenstraße eine der ersten Flutlichtanlagen in Deutschland aufgestellt worden, es war die hellste der Republik.

Essen war damals eine geteilte Stadt. Der arme Norden der Zechen, Kokereien, Stahlwerke und der reiche Süden der Villen und Bürgerwelten. Aus dem Süden fuhr kaum jemand nach Borbeck, „die Leute kamen vor allem aus dem Norden der Stadt und sahen uns als Arbeiterverein", sagt Nikelski. Melches, in der Nähe des Stadions aufgewachsen, wandelte zwischen den Welten. Er lebte in einer Villa im Süden, ließ sich aber im Norden von den Kumpels verehren. Sie standen an Spieltagen für ihn Spalier, und er steckte dem einen oder anderen 20 Mark mit den Worten zu: „Kauf dir ein neues Hemd." Zugleich richtete er sich am Stadion ein Stück Bürgerlichkeit ein. Tennisplätze für seine Frau, hinter der Haupttribüne einen Ziergarten mit Tanzfläche und Minigolf. Das Idyll gibt es nicht mehr. Der Garten musste einem Parkplatz weichen und die Tennisplätze sind verwildert, überall ist das Stadion angerostet, verbeult und geflickt. Die Westkurve war irgendwann so baufällig, dass sie abgetragen und das Georg-Melches-Stadion zu einem dreiseitigen Kuriosum wurde. Hinter einem Tor ist nun ein Platz mit schwarzem Schotter, auf dem Zelte für die VIPs stehen.

Als die Spielorte für die Weltmeisterschaft 1974 in Deutschland vergeben wurden, bewarb sich die damals fünftgrößte Stadt der Bundesrepublik nicht darum. Gespielt wurde in der Nachbarschaft, Gelsenkirchen und Dortmund bauten neue Stadien. Rot-Weiß ging leer aus, weil Essens Lokalpolitiker das Kulturverständnis des Südens ihrer Stadt hatten und lieber Museen, Theater und Oper förderten. Zwar rettete die Kommune den Klub 1975 vor der Pleite, indem sie ihm sein Stadion abkaufte, doch beim Blick in die Verträge von damals hat Paul Hempelmann den Eindruck gewonnen, dass „sie nicht mehr machen wollten als irgendwie nötig". Fußball war noch nicht schick, und Rot-Weiß kam von der falschen Seite der Stadt.

Inzwischen haben sie auch in Essen längst verstanden, wie wichtig Fußball für das Image ist. Es gibt sogar eine große Koalition des Fußballs zwischen dem Sozi Hempelmann und Oberbürgermeister Wolfgang Reiniger, einem Christdemokraten. Doch nun hält der Sport mit den großen Plänen nicht Tritt.

Das Publikum ist der Enttäuschungen müde, im Sommer 2005 stieg der Klub nach nur einem Jahr wieder aus der zweiten Liga ab. Deshalb braucht auch der Geschäftsführer mitunter Trost und schiebt eine DVD in den Player. „Vom Mythos zur Marke" ist der Titel des kleinen Films, in dem

# Hoffen ohne Geld

die große Historie des Klubs beschworen wird, die tiefe Leidenschaft der Fans und wie beides in einem neuen Stadion unterkommen soll. Eigentlich sollte der Bau 2005 beginnen, die Pläne waren fertig, die Finanzierung stand, dann entglitt dem Sisyphos aus Essens Norden der Stein und rollte wieder hinunter.

Als Georg Melches das Stadion 1957 fertig gebaut hatte, gab es keine Probleme, die Anlage in Schuss zu halten. „Morgens rief der Steiger an und fragte, wie viele Busse wir brauchten", erzählt Nikelski. Dann fuhren ein oder zwei Kleinbusse mit Bergleuten von der benachbarten Zeche Emil-Emscher vor und mähten den Rasen, besserten Stufen aus, strichen Wände oder kletterten den Flutlichtmast hinauf. Damals brannten dort noch Birnen mit Glühfäden, die so heiß wurden, dass die Reflektoren regelmäßig vom Ruß gereinigt werden mussten. Den Koks für die Heizung brachten sie gleich mit.

Die erste Zechenkrise 1958 schwächte die Kräfte des Klubs, denn plötzlich wurden Arbeiter und Koks nicht mehr selbstverständlich angeliefert. Die Abzahlungen für den Ausbau des Stadions drückten, und die internationalen Freundschaftsspiele wurden weniger lukrativ, weil sich der Europapokal zu etablieren begann. Die Meistermannschaft kam in die Jahre und zerfiel. Es war weniger Geld da, um das Team auf Spitzenniveau zu halten, und 1961 stieg Rot-Weiß Essen ab. Zum denkbar ungünstigsten Zeitpunkt, weil zwei Jahre später die Bundesliga mit all ihren neuen Möglichkeiten eingeführt wurde. Melches versuchte, die Geschicke seines Vereins vom Krankenbett aus zu lenken, und starb 1963. „Er hat kein Loch hinterlassen, es war ein Großvakuum", sagt Nikelski.

Niemand hat dieses Vakuum seitdem zu füllen vermocht, die Zeiten für Patrone waren schon damals vorbei. Dreimal stieg Rot-Weiß Essen in die Bundesliga auf, brachte es dort aber nur auf insgesamt sieben Spielzeiten. Der dritte Abstieg liegt schon lange zurück, 1977. Zweimal wurden dem Klub die Lizenz entzogen, weil die Finanzen nicht stimmten. Viele Nachfolger von Georg Melches versuchten sich, die meisten scheiterten. Generationen von Fans, die heute nach Schalke fahren oder gar im Trikot des FC Bayern durch Borbeck laufen, gingen Rot-Weiß so verloren.

Jahrzehntelang hatten sich die Essener Großunternehmen dem Fußballklub verweigert. Weder der Energiegigant RWE noch die Stahlwerke Krupp noch Karstadt wollten sich ernsthaft engagieren. Aufgehoben wurde dieser Bann erst 2001, als Paul Hempelmann den Klub vor der Insolvenz retten musste. Endlich stieg die RWE AG als Sponsor ein.

Gut, dass der Präsident ein Kämpfer ist und die Fans geübt im Leiden. Gut, dass Erinnerungen so viel Kraft zum Träumen geben. Wenn Paul Nikelski über die Zukunft spricht, sagt er, erst mal müsse RWE in die Zweite Liga aufsteigen und „dann greifen wir an". Und sagt, was viele im Norden Essens hoffen: „Wir kommen wieder." □

**Christoph Biermann** *arbeitet als freier Journalist in Köln. Er weiß „Fast alles über Fußball", wie auch sein neuestes Buch heißt.*

## MERIAN | INFO Große Namen

Machte seinen Watschelgang zum Markenzeichen: Willi „Ente" Lippens mit Wappen

**Die Ente:** Willi Lippens spielte 1965–76 sowie 79–81 für RWE und schoss in diesen Jahren 209 Tore. Zwischendurch war er bei Borussia Dortmund und Dallas Tornado. Sein Resümee: „Ich habe nie eine Torchance überhastet vergeben. Lieber habe ich sie vertändelt."

**Der Alte:** Manfred Burgsmüller spielte zwischen 1969 und 90 in der Bundesliga und steht mit 213 Toren auf Platz 4 der ewigen Torschützenliste. Nach der Fußballkarriere wurde er Footballspieler und kickte noch mit 52 bei Düsseldorf Rhein Fire als ältester aktiver Profi-Footballer der Welt. Begonnen hatte alles in Essen, wo er von 1969 bis 71 bei Rot-Weiß spielte.

**Das Ungeheuer:** Horst Hrubesch spielte 75–78 bei RWE. Der Europameister von 1980 wurde erst beim HSV berühmt: „Manni Bananenflanke, ich Kopf, Tor!"

**Der Grieche:** Otto Rehhagel wurde 2004 „Grieche des Jahres", nachdem er die Europameisterschaft gewonnen hatte. Fußball gelernt hat er bei Rot-Weiß Essen, wo er von 1960 bis 1963 spielte.

**Der Boss:** Helmut Rahn (1929 bis 2003). Seine größten Erfolge feierte er 1951–59 bei Rot-Weiß. Hier wurde er 53 Pokalsieger und 55 deutscher Meister. Unvergesslich wurde Rahn im Finale der WM von 1954, in dem die deutsche Elf gegen Ungarn mit 0:2 zurücklag. Er schoss den Ausgleich zum 2:2 und den Siegtreffer zum 3:2. Das Wunder von Bern war perfekt.

**Rot-Weiß Essen**
**Hafenstraße 97a, 45356 Essen**
**Tel. (02 01) 86 14 40**
**www.rot-weiss-essen.de**

Text: Thomas Mader

Illustration: Jutta Drewes

## Der sechste **Futurologische**

Vermutlich werde ich nie verstehen, warum sie vor zehn Jahren die Ruhrstadt umbenennen mussten, nur damit Duisburg endlich bereit war beizutreten. Aber ich verfolgte die Ereignisse von Costa Rica aus nur mäßig interessiert. Klaus Burmeister, der bekannte Zukunftsforscher, hatte mir schon damals über Holo-Stream erklärt, dass eine wahre Umbenennungswelle zu erwarten sei, wenn erst die technischen Schwierigkeiten mit Tetra Kap (dem Telematischen Transport-Kapselsystem) beseitigt seien ... Und tatsächlich: Als Burmeister mich vor einem knappen Monat einlud, die „FutuRuhr 2050“ auf Zollverein zu besuchen, ließ er sein Holo einen Salto schlagen, wie er es jedes Mal zu tun pflegte, wenn eine seiner Voraussagen eingetroffen war. „Alt-Bundeskanzlerin Judith Holofernes hat gerade das letzte alte Ortsschild abgeschraubt – die Umbenennung ist jetzt nur noch eine Softwareangelegenheit – und schon will Gelsenkirchen sich in Veltinskirchen umtaufen.“

Ich war gespannt, Burmeister nach so vielen Jahren in natura wiederzusehen. Und meine Heimatstadt Essen natürlich auch. Holo-Besuche sind einfach nicht dasselbe. Ich erinnere mich gut an den alten Hauptbahnhof meiner Studienzeit, als es noch diese tristen Durchgangshallen gab, das Treppen-Wirrwarr und die Döner-Unterführung mit den drohenden Eisenträgern. Welch ein Drama, als die Deutsche Bahn AG den Bahnhof nicht rechtzeitig zur Fußball-Weltmeisterschaft 2006 herrichten wollte! Damals schwieg sie sich aus über die Zukunft, doch das Jahr 2050 überraschte mich angenehm. Ich hatte einen Palast aus Glas und Stahl erwartet wie den Düsseldorfer Flughafen – stattdessen: Separees mit Wohnzimmeratmosphäre und fast so viel Grün wie daheim in Costa Rica. Als mein Rail-Bus einfuhr, wartete Klaus Burmeister am Bahnsteig in einem versenkbaren Lesesessel; er schaltete seine Zeitung mit einem Zungenschnalzen aus und schüttelte mir die Hand, wie es heute nur noch die über Fünfzigjährigen tun.

„Willkommen in Essen at Montania“, rief Burmeister. Ich hatte ihn vor fast einem halben Jahrhundert zur Zukunft Essens interviewt, als er Chef der Beratungsagentur Z-Punkt auf Zollverein war. Unsere Freundschaft entstand aber erst Jahre später, als wir uns bei einer virtuellen Fortbildung der Ruhruniversität EDuBoDo wieder trafen. Und nun wollte der quirlige Mittneunziger mir natürlich bei einer Stadtrundfahrt zeigen, welche seiner Vorhersagen sich erfüllt haben.

Wir stiegen in ein Tetra-Kap und surrten Richtung Berliner Platz. Schon von weitem sah man die blaue Perle des Crossover mit den verspielten orientalischen Türmchen. 2005 hatte der Platz noch brachgelegen, aber schon damals hatte mir nicht nur Burmeister, sondern auch Klaus Wermker, der Leiter des Stadtentwicklungsbüros, von der Vision erzählt, ein Einkaufszentrum zu errichten, das den türkischen, asiatischen, afrikanischen Einzelhandel aufwerten sollte. Der Basar war recht schnell ein Magnet geworden.

„Ich bin schon ganz neugierig auf Ihren Movilog“, sagte Burmeister, während wir im Snoozle-Hain einige Feigen pflückten. „Sie als Experte für nachwachsende Gelenkknorpel können

# FutuRuhr 2050 – eine Stadt mit Zukunft

**Kongress fand in Essen statt, oder wie man heute sagt: in Essen at Montania**

sicher einen interessanten Beitrag zum Konzept der Wohlfühlregion Montania liefern. Warum sind Sie eigentlich damals weggegangen?"

„Ach, es waren die Goldenen Zehner, meine RAG-Aktien sind explodiert, als sie dieses Enzym entdeckt hatten, das Salz im Wasser bindet ... Und ich wollte mich ein wenig freimachen von der ganzen Technik."

„Freimachen von Technik?" Burmeister spielte mit seiner antiquierten Brille. „Ja. In Costa Rica gibt es natürlich auch hybridbetriebene Busse und, na ja, wir sind führend bei nachwachsenden Gelenkknorpeln. Aber wir wissen auch, wann man sein Piep ausschalten muss. Pura Vida und so."

„Aber die schrumpfende Stadt hat uns auch im Ballungsraum einen gewissen Luxus eröffnet. Nehmen Sie die Wasserstadt im Essener Norden: Im Jahr 2005 war das nur eine vage Idee der Stadtplaner. Längst ist es schick geworden, an der Emscher zu wohnen. Nicht direkt natürlich – noch nicht –, aber an den renaturierten Zuflüssen und an den Grachten des Rhein-Herne-Kanals von Borbeck bis Katernberg. Dort wimmelt es mittlerweile von Szene-Barfés und Sushi-Bots und aus den Schrebersind Share-Gärten geworden."

Wir zogen uns bei einem Dönerbot zwei Low-Fat-Kebabs und surrten weiter nach Westward. Ich hatte das Gelände zuletzt 2005 betreten. Damals lag der Krupp-Gürtel wie ein geworfenes Handtuch zwischen City und Altendorf. Ein Gelände dreimal so groß wie die Innenstadt, verwüstet von der Industrie, aber ein wunderbarer Raum für Gestaltungsspiele. Das Colosseum, der Cinemaxx-Komplex und McDonald's-Ikea (wahrscheinlich noch vor der Fusion) hatten ab Mitte der Neunziger den Anfang gemacht; aber die komplette Siedlungsnahme des wilden Essener Westens war ein Projekt für die nächsten 40 Jahre gewesen. Und nun fuhr ich tatsächlich den Krupp-Boulevard entlang, über den so viel geredet worden war. Entlang den künstlichen Seen, der Perlenkette von Lofts und Gewerbeeinheiten in expressionistischer Waldlandschaft. Unser Tetra-Kap bremste, um eine Gruppe Kinder in ihren Rhönrollern vorbeizulassen.

„Sie erinnern sich vielleicht", blinzelte Burmeister mich an, „was der Architekt Rem Koolhaas für Zollverein forderte: einen DIN-freien Raum. Nun, das hat das Design-Dorf Zollverein mit seinem Modellkindergarten verwirklicht. Neben dem Design von Dingen hat man sich auf Zollverein schon vor dem Babyboom der Zwanziger dem Design von Dienstleistungen und Lebenswelten gewidmet. Und die Menschen von Montania sind ja seit je kompetent in der rigorosen Aneignung und Wandlung ihrer Umwelt. Schauen Sie sich um!"

DIN-frei war wirklich die beste Beschreibung.

Für die Future-Living-Ausstellung hatten zwei Architekten aus South Carolina eine multireligiöse Tetraeder-Kirche zusammengesteckt, deren new-barocke Außenwände von Projektoren erzeugt wurden. Daneben warb eine Gruppe Exil-Malediver für ihr Modell eines Floating Archipels. Und auf dem Zollverein-Fördergerüst turnte King Kong herum. Offenbar eine Holo-Werbung für das Open-Air-Kino.

„Die Zukunft war früher auch besser." Burmeister schüttelte den Kopf.

Da ließ ein spitzer Schrei den interaktiven King Kong herumfahren, bevor er blau aufflackerte und verschwand. Sämtliche Lichter waren plötzlich erloschen, die Boduberu-Musik verstummt. Die Kirche stand entblößt bis aufs Skelett. Die Besucher, selbst die Jogger, stockten einen Moment. Stromausfall – und das eine knappe Stunde vor Eröffnung der FutuRuhr 2050!

Burmeister wendete sich ab und gestikulierte in das Piep an seinem Handgelenk. Ich schaute mich um und fühlte mich verloren zwischen den ausgeknipsten schwedischen Wohnwürfeln, also ging ich weiter auf dem Rundweg. Einem Impuls folgend, bog ich bei einer Gracht ab und lief vorbei an einigen dunklen Cafés und über einen Spielplatz. Und tatsächlich, da war der Wald. Sie hatten tatsächlich ein wenig postindustrielle Wildnis erhalten. Entlang an einem zugewucherten Gleisstrang gelangte ich zu einer Gruppe von Waggons und musste verschnaufen. Mit 74 ist man keine 66 mehr. Unwillkürlich strich ich mit den Fingern über den Rost und bemerkte ein verwittertes Graffito. Ich trat einen Schritt zurück – und las einen Spruch, der so in mir nachhallte, dass ich beschloss, ihn zum Motto meines Movilogs zu machen: „Zukunft braucht Herkunft." Was auch immer das mit nachwachsenden Gelenkknorpeln zu tun hatte.

„Ich habe Sie schon gesucht", rief mir Burmeister entgegen. „Das mit dem Strom dauert noch. Ein Driller hat den Verteiler angestochen. Die bauen nebenan das Nordic-Walking-Stadion für Olympia 2052 ... Aber ich habe so etwas ja geahnt." Er machte eine Handbewegung, die einen Salto andeutete, und führte mich zum Kasino, wo der Kongress gerade beginnen sollte. Als man uns die Türe aufschob, musste ich jedoch plötzlich so gewaltig lachen, dass der Saal zu uns herumfuhr. Burmeister stutzte kurz, dann stimmte er ein. Es war ein zu komischer Anblick: Futurologen bei Kerzenschein. □

**Thomas Mader** *ließ sich für seine Erinnerungen an die Zukunft von Stanisław Lem inspirieren, von den Plänen des Stadtentwicklungsbüros und von den Prognosen der Essener Zukunftsforschungsgesellschaft Z-Punkt.*

Hinter dem Eingang zur Steilen Straße wartet ein Paradies: Wein muss sein, und auch Hortensien, denn wer sein Haus nicht begrünt, gehört auch nicht richtig zur Höhe

# Unsere kleine Gartenstadt

Thornton Wilder suchte in „Unsere kleine Stadt" den „unbezahlbaren Wert in den Ereignissen des Alltags". Die Bewohner der Margarethenhöhe haben ihn gefunden

**Text: Thomas Mader, Fotos: Katrin Trautner**

Kleine Heimat am Brunnen des Kleinen Marktes. „Grabt Schätze nicht mit Spaten, sucht sie in edlen Taten“, lehrt seine Aufschrift

Der Stil der Häuser ist einheitlich, aber nie eintönig. Türen im alten Stil sind aber kaum noch bezahlbar

**An der Waldlehne ist die Familie immer willkommen. Heute soll es Würstchen und Koteletts geben und viele Geschichten von der Margarethenhöhe.** Von den schlammigen Anfängen im Jahr 1913, als der Urahn Gottfried Verdong sich entschloss, in dieses städtebauliche Laboratorium einzutreten, bis zu der Geschichte der Laterne-wechsel-dich und den Plänen zum nächsten Weihnachtsmarkt, den alle am Tisch mit vorbereiten: Großvater Heinrich Hüneke, der jahrelang den Bauausschuss der Margarethe-Krupp-Stiftung leitete, und seine Frau Ursula, geborene Verdong. Tochter Walburga und ihr Mann Ludger Höller, der gerade den Gasgrill bedient. Und Enkel Lukas hält Ludger einen Schirm, denn sonst werden gleich die Würstchen nass. Auch Tochter Andrea und Reinhold Velten sind gekommen mit ihren Söhnen, der fünften Generation auf der Höhe. Und es gäbe noch viele andere, die nicht hier sein können aus dieser Familie, die so viele Namen hat wie Töchter – eine katholische Familie, engagiert in der Bürgerschaft, im Kirchenchor, bei den Messdienern und in der Politik.

Dass ein Journalist sie besucht, ist nicht ungewöhnlich auf der Höhe. Die Holthoffs am Kleinen Markt, die wurden schon oft gefragt, aber auch andere Familien kämen für ein Porträt in Frage. Die Apothekerdynastie Brand zum Beispiel oder der Goldschmied Max Zeitz, dessen Vater zu Gründerzeiten in der Künstlerkolonie wirkte. Die Margarethenhöhe hält ihre Kinder, denn es ist ein wundersames, weinumranktes Dorf, in dem sie leben: von der Großstadt getrennt und beschützt durch Täler, so dass es möglich ist, einmal rundherum zu laufen, ohne aus den Wäldern aufzutauchen – sieht man ab von einem kleinen Stück Lührmannstraße. Die trennt die untere von der oberen Margarethenhöhe. Die nennt man auch die Neue: ein Produkt der frühen Sechziger, sozialer Wohnungsbau, aber dennoch beliebt. Doch die Verwandtschaft mit dem alten

Nur scheinbar eine einheitliche Gestaltung: Bei genauerem Hinsehen findet man an jeder Ecke ihren besonderen Schnörkel

Dorf kann man nur erahnen. Das ist nämlich eine Stein und Chlorophyll gewordene Vision: Der Baumeister Georg Metzendorf – ebenso Soziologe wie Architekt – wurde ausgewählt, weil er menschlich, bedürfnisgerecht und bescheiden bauen wollte. Vielleicht ist das Gefüge der Hünekes auch deshalb so intakt, ihre Art so unkompliziert, weil sie aufgewachsen sind in dieser Werte vermittelnden Architektur. Als es regnet, beginnt das große Lachen und Räumen, Ludger und Lukas als letzte mit dem Grillgut.

Ludger Höller ist auf Umwegen reingekommen. Er lernte Walburga bei einer Reiseleiterschulung kennen, beim ersten Besuch verfuhr er sich, mindestens eine halbe Stunde lang, und als er ankam, waren die Dampfnudeln noch nicht fertig. Heinrich Hüneke kennt diese Geschichte noch nicht und lacht: „Ich habe damals intuitiv festgestellt: Wer meine Tochter haben will, muss dies Unbill meistern." Und tatsächlich, es war der Vater, der sein Reich in ein minoisches Labyrinth von Einbahnstraßen verwandelte – zumindest war er beteiligt an der Entwicklung dieses Verkehrsberuhigungssystems.

**Es gab einmal vier Verbindungen rein und raus, aber die durchs Nachtigallental hat man längst dicht gemacht. Absolute Verkehrsberuhigung. Frösche, Tiere, Kinder.**

Natürlich gab es Proteste: Es war der schnellste Weg nach Haarzopf zum Aldi. Aber mittlerweile ist der Leidensdruck gefallen, weil ein Billigheimer in Holsterhausen eröffnet hat. Es bleiben also drei Zufahrten, zwei davon Brücken.

Großvater Hüneke erklärt: „Wir haben einen Zaun um uns herum, aber wer will, kann durch das Tor kommen." Ein osmotischer Stadtteil also – und nicht nur infrastrukturell. Das Tor, die Membran, das ist auch die Margarethe-Krupp-Stiftung, der fast alle Wohnungen gehören. „Es gibt Null Leerstand", erklärt Stiftungsvorstand Thomas Möller: Die Mieten sind niedrig, die Wartelisten lang. Fünf Jahre müssen Familien mit Kindern auf ein Haus warten, kleine Wohnungen sind schon nach ein bis zwei Jahren zu haben. Die Lage hat sich bereits sehr entspannt – außer bei den Garagen: zehn Jahre sind länger, als manches Auto hält.

Begehrt war die Höhe schon, als sie noch gar nicht fertig war, denn Essen war um die Jahrhundertwende ein überquellender, kohleschwarzer Häuserbrei. Gottfried Verdong war Postbeamter und zog 1913 mit der vierten Siedlerwelle in den Schöngelegen 9, wo heute noch seine Enkelin Margret wohnt. Die Straßen waren Feldwege, das Ende der Baustelle längst nicht abzusehen. In ihren Bretterbuden sangen die italienischen Arbeiter zu Ziehharmonikas mit den Nachtigallen um die Wette. Gottfrieds Sohn Heinrich beobachtete zwölf Jahre später, wie die Männer mit Loren vom Mühlenbachtal das Baumaterial für den Stillen Winkel heraufzogen.

Dort wohnen heute Ursula und Heinrich Hüneke. Der kam mit seinen Eltern von Holsterhausen zur Höhe. Der Krieg war gerade vorbei, das Dach Im Stillen Winkel 52 ein Stockwerk tiefer gebombt. So sah es überall aus. 1947 zogen die Hünekes in die Sommerburgstraße, bis zu seinem 24. Lebensjahr schlief Heinrich auf einem Sofa. Er wurde Ingenieur bei Siemens.

Welche Schulklasse hat noch keine Führung mit Heinrich Hüneke gemacht? Hat noch nicht von ihm erklärt bekommen, wie abwechslungsreich Metzendorf baute, wie der Hesse das Große rationalisierte und das Detail feierte. Metzendorf hatte keine Scheu vor dem Schwung einer Gaube, vor dem süddeutschen Schnörkel oder gar vor der damals schon nostalgischen Ornamentschnecke. Jede Tür sollte einzigartig sein; zumindest galt das vor dem Ersten Weltkrieg. Wenn die Stiftung heute solch ein Unikum ersetzen muss, kostet das bis zu 6000 Euro, so teuer ist Handwerkskunst geworden.

Hüneke deutet die Steile Straße hinab: Dort, rechts vom Torbogen, steht noch ein originales Haus. Die dreigeschossigen Häuser haben mit der ursprünglichen Bebauung nichts zu tun. Umso stolzer kann man auf den stilgerechten Nachbau sein, denn nach dem Krieg waren auch Hochhäu-

Die fünfte Generation spielt vor der Haustür, die dritte führt Interessierte durch die Siedlung: Großvater Hüneke und seine Enkelinnen

Noch heute ist die Margarethenhöhe eine weitgehend geschlossene Anlage: Nur drei Straßen führen hinein und hinaus

ser im Gespräch. Nicht zuletzt der Schwiegervater hat sie abgewendet, Heinrich Verdong, der CDU-Ratsherr. Er hat den Wiederaufbau geleitet, bündelte die Kraft von Kirchen, Parteien und Wohlfahrtsverbänden, erinnerte sich an seine Baustellenjugend und besorgte eine Lorenbahn von einem Schulfreund aus dem Sauerland. Die Margarethenhöhe war als erster Essener Stadtteil frei von Trümmern.

Das Torhaus mit der herrschaftlichen Freitreppe, der Wein, die Birken, die Schiefer und die grün-weißen Fensterläden. Auf der Steilen Straße sind sie noch alle emporspaziert, Kaiser, Kanzler und die Königin von Griechenland. Und natürlich Papa Heuß. „Umjubelt, das wäre heute nicht mehr denkbar." Ursula und Heinrich Hüneke erinnern sich, wie Bundespräsident Heuß sein Patenkind besuchte und es bitterlich anfing zu weinen, weil es ein Gedicht aufsagen sollte. Natürlich wissen sie, dass es Barbara Ostwald war, die ebenfalls noch auf der Höhe wohnt.

Die Steile Straße führt vom Brückenkopf zum Kleinen Markt. Die unscheinbare Laterne links vorm Konsum, erklärt Hüneke, ist bereits die vierte und beleuchtet hübsch den wechselnden Umgang mit dem historischen Geschenk: In den Siebzigern wurde der Markt asphaltiert und die originale Laterne durch eine moderne ersetzt. In den Achtzigern wurde der Platz wieder gepflastert und die moderne durch eine historisierte Laterne ersetzt. Aber es sollte noch bis in die Neunziger dauern, bis wieder eine annähernd originalgetreue Leuchte aufgetrieben werden konnte.

Ursula Hüneke ist froh über den Denkmalschutz. Dass es nicht so aussieht wie in Hattingen-Hüttenau, ebenfalls eine Metzendorf-Siedlung. „Da macht einer seine Fensterlaibung mit Fliesen, ein anderer hat ein Pagodendach errichtet. Ich muss hier weg, hab ich nur gedacht. Jeder wollte zeigen, dass er mehr Geld hat." Auf der Höhe macht nur noch die Sparkasse in Fliesen. Schon lange gibt es keine Antennen mehr (bis auf die eines Taxi-Unternehmers). Immerhin, ein Kindergarten ist angemalt – aber auch gut versteckt. Die Denkmalisierung erfolgt sanft, das eine oder andere „Fenster in Aspik" macht den Kohl nicht fett – so nennt Hüneke die vorgetäuschten Butzenscheiben mit den Plastikeinsätzen.

Der Denkmalschutz bezieht sich auch auf den wilden Wein, der die Häuser so warm umschalt. Und sogar die Altglas- und Papiercontainer am Hohen Weg hat die Stiftung mit schwenkbaren Blumenkästen dekoriert – weil sie unter die Erde verlegt wurden. Überhaupt stehen in den Laubengängen alle Ampeln auf Blüh! Die Gartenvorstadt eine Grillvorstadt, eine Rasenmähervorstadt, ein Glühen von Geranien und Glyzinien. Japanische Blütenkirsche, Goldregen und Stockrosen – man geht vorbei und stibitzt sich ein paar Samen, so läuft das hier. Und wenn da der Blumenkorb fehlt und dort das Bukett ein wenig spärlich geraten ist, dann weiß man: Die sind noch nicht ganz auf der Höhe. An ihren Blumen sollt ihr sie erkennen!

„Früher, wenn ein Fest war", erklärt Ursula Hüneke, „hat man sich eine Hortensie geschenkt und direkt eingebuddelt. Deshalb hatten alle Leute im Vorgarten so viele Blumen." Die Höher müssen schon immer viel gefeiert haben. Es gab auch nur eine richtige Pinte. Links im heutigen Luxushotel Margarethenhöhe. Ein richtiger Proteststurm war das, als die dichtgemacht wurde. Die Gaststätte „Zur Altenau" kann allein die Bedürfnisse nicht befriedigen.

## MERIAN | INFO Margarethes Höhe

1906 macht Margarethe Krupp der Stadt und ihren Menschen ein Geschenk anlässlich der Hochzeit ihrer Tochter Bertha mit Gustav von Bohlen und Halbach. Am 1. Dezember unterzeichnet sie die Stiftungsurkunde: 50 Hektar und 1 Million Goldmark sollen zu einem ganzen Stadtteil werden, für die „minderbemittelten Klassen". Der Anteil der Kruppianer betrug nie mehr als 50 Prozent. 1908 wurde Georg Metzendorf als Architekt ausgewählt. Der 33-Jährige hatte sich mit dem Modell eines Kleinwohnhauses hervorgetan, das wirtschaftlich und an Menschen orientiert war. Die ersten dieser Häuser auf der Höhe wurden 1910 fertig gestellt. Metzendorf orientierte sich am Vorbild der englischen Gartenstadt und genoss das kaiserliche Privileg, von allen Bauvorschriften befreit zu sein. Heute hat der Stadtteil rund 8000 Einwohner und umfasst 147 Hektar. Die Margarethe-Krupp-Stiftung verwaltet rund 3100 Wohnungen und 64 gewerbliche Einheiten, aber nur 364 Garagen. Seit 1987 steht der Kernbereich mit 586 Wohnungen unter Denkmalschutz.

Natürlich gibt es noch den Hülsmannshof. Im August 1998, kurz nach der Renovierung, feiert hier Heinrich Verdongs Frau Käthe ihren 90. Geburtstag mit 45 Nachfahren. Das heißt, zuerst will sie gar nicht feiern und sagt zu ihrer Tochter Ursula: „Das überleb ich nicht." – „Schöner kann man nicht sterben", antwortet Ursula resolut. Und die Mutter gibt trocken zurück: „Dann plan das mal!"

Denkwürdig waren auch die Feten im Kruppzimmer, sind sich Hünekes einig. Das ist heute ein denkmalgeschützter Tagungsraum des Hotels. Und früher war es das Allerheiligste der Stiftung. Der Wirt bekam den Schlüssel immer nur ausgehändigt, wenn er das Kruppzimmer für den Aufsichtsrat herrichten sollte. Nach dem Krieg aber war es frei zugänglich. „Wir haben dort Karneval gefeiert", erzählt Opa Hüneke. „So richtig mit Luftschlangen und allem. Und was meinen Sie, wie die befestigt wurden – mit Heftzwecken in der Holzvertäfelung. Damals hat mich das nicht gestört."

Und die fünfte Generation – was treibt die Jugend? „Ich kann mir vorstellen, dass Jugendliche, die hierhin ziehen, sich nicht ganz wohl fühlen", sagt Lukas Velten. Aber kein Problem, wenn man hier aufgewachsen ist. Da ist der Pizzamann auf der oberen Höhe und alle zwei Tage ein Pommeswagen am Laubenweg. Und natürlich der Verein: Tusem ist Kult! Wenn die Meisterschaft im Handball gewonnen ist oder der Europapokal, dann wird der Markt geflaggt und selbst die Bordsteine und Straßenmasten sind plötzlich rot-weiß. Und das „m" steht für Margarethenhöhe. „Aber der Tusem ist nicht die Handballabteilung", da bestehen sie drauf. Schon zum Kinderturnen waren sie alle da.

Die Höher schaffen sich ohnehin ihre Großereignisse lieber selbst: den St.-Martin-Zug, den Weihnachtsmarkt und 2006 das Hundertjahrfest. „Ein bisschen engagieren muss man sich", sagt Reinhold Velten, Opa Hünekes Schwiegersohn. Auch die Söhne Benedikt, Matthias und Lukas: Mit den Messdienern schmeißen sie den Pommeswagen oder das Kettenkarussell. Im Lichte ihrer Väter, denn die sorgen traditionell für Illumination, mit Wäschekörben voller Glühbirnen. Und die Cheforganisation sitzt mit am Tisch. „Aber jeder Verein weiß, was er zu tun hat", schränkt Heinrich Hüneke ein: „Dieser Riesenweihnachtsmarkt erfordert im Vorfeld zwei Besprechungen."

„Wir sind eben ein Völkchen für sich", sagt Walburga Höller. Der Besucher kann das in der Anlage spüren, aber eines sollte er noch wissen. Häufig bleiben Touristen stehen vor dem Höllerschen Haus und manchmal kommt man ins Gespräch. Meistens um zu korrigieren, wie Lukas sagt: „Nein, wir sind keine Kruppsche Werkssiedlung. Die Margarethenhöhe ist ein Geschenk für alle, das ist wichtig." □

**Thomas Mader,** *geborener Essener, freier Autor und Mitarbeiter der* WAZ, *hat auch über Essens Zukunft (S. 74), das Unperfekthaus (S. 108) geschrieben und den Infoteil verfasst.*

# Herrscher

Mit der Villa Hügel hat Alfred Krupp 1870 der Familie ein Denkmal gesetzt: ein technisch durchdachtes Haus, das gleichwohl dynastische Macht ausstrahlt

# Vom Symbol deutscher Kriegslust zur Gemeinnützigkeit: Die Krupps auf dem Hügel

**Text: Rüdiger Jungbluth**

Das Gemälde, das man auf dem oberen Foto am Ende der Halle sieht, schuf der britische Maler George Harcourt 1931 anlässlich der Silberhochzeit von Gustav (2. v. r.) und Bertha. Mit dabei: Alfried Krupp von Bohlen und Halbach (3. v. l.), letzter Konzernlenker aus der Familie

Die Verhaftung in der Villa Hügel verlief standesgemäß. Der Butler teilte Alfried Krupp von Bohlen und Halbach mit, dass ein Kompaniechef der US-Armee im Hause sei und ihn mitnehmen wolle. Krupp setzte seinen Hut auf und nahm auf der Rückbank eines offenen Jeeps Platz.

Der Industrielle war 37 Jahre alt, als ihn die Amerikaner am 11. April 1945 verhafteten. Das Foto ging um die Welt. Es zeigte einen vornehmen, stillen Mann. Im Gefängnis fragte ein Aufseher, wie der Häftling angesprochen werden wollte: Krupp? Von Bohlen und Halbach? „Krupp“, sagte Krupp, „wegen dieses Namens sitze ich hier.“ Er hätte hinzufügen können, dass Hitler ihm per Führererlass erlaubt hatte, den Firmennamen dem Familiennamen voranzustellen. **Krupp – ein Name wie Donnerhall.** Er stand für das mächtigste deutsche Industrieunternehmen und war ein Symbol deutscher Kriegslust. Krupp war die Waffenschmiede Preußens gewesen, dann die des Kaiserreichs, schließlich Ausrüster von Hitlers Wehrmacht. Als Kriegsverbrecher wurde Alfried Krupp 1948 zu zwölf Jahren Haft und zur Abgabe seines Vermögens verurteilt. 1951 wurde er begnadigt und kam wieder in den Besitz seines Unternehmens. Der politische Wind hatte sich gedreht. Ab 1954 durften in der Bundesrepublik wieder Waffen produziert werden. Aber Alfried Krupp wollte keine Kanonen mehr bauen, nur noch Kräne, Maschinen, Hochöfen und Lokomotiven. So wie sein Urgroßvater sich anfangs vor allem auf zivile Produkte konzentriert hatte, jener legendäre Alfred Krupp, der der bedeutendste Unternehmer dieser Wirtschaftsdynastie war.

**Dieser Alfred war 14 Jahre alt, als sein Vater Friedrich Krupp 1826 starb und ihm eine kleine Gussstahlfabrik mit sieben Arbeitern hinterließ.** Der Sohn würde daraus ein Unternehmen von Weltrang machen. Bald produzierte Krupp einen Stahl, wie ihn bis dahin nur die Engländer zustande gebracht hatten. 1851 erfand er den nahtlosen Radreifen für Eisenbahnzüge. Drei solcher Stahlringe sollten die Firma später symbolisieren.

In seiner Gießerei war der Fabrikherr auf erfahrene Mitarbeiter angewiesen. Fehlgüsse konnte er sich nicht leisten,

Gustav von Bohlen und Halbach und sein bester Kunde kurz vor dem 1. Weltkrieg: Der Schwiegervater hatte den Stahl für Kaiser Wilhelms Flotte geliefert

Bertha und Gustav Krupp unterstützten, anders als viele Industrielle, Hitler erst nach der Machtergreifung. Da konnten sie sicher sein, dass es sich lohnt

## Der Fabrikherr hatte für die Arbeiter zu

das Material war teuer. Krupp brauchte Arbeiter, auf die er sich verlassen konnte. Also begann er, sich um seine Leute zu kümmern, ganz in preußisch-patriarchalischer Tradition. Für Krupp war die Firma eine Familie. Der Fabrikherr hatte für die Arbeiter zu sorgen wie ein Vater für seine Kinder. Krupp baute Wohnungen, kümmerte sich um Kleidung, Ernährung und um die Gesundheit der Untergebenen, um Renten, sogar um Bildung und Freizeitvergnügen. **Im Gegenzug mussten die Leute ihr Leben der Gussstahlfabrik widmen.** Liebhabereien und private Nebenarbeit duldete Krupp nicht. „Wenn wir darin Ausnahmen zulassen, so werden wir die Zeit erleben, wo man zur Fabrik geht, sich auszuruhen, und zu Hause arbeitet." Einen lang gedienten treuen Arbeiter, der sich im März 1848 zur Revolution bekannte, entließ Krupp auf der Stelle. Sozialisten duldete er in seiner Firma nicht. Seine Prokuristen forderte er 1872 auf: „Treiben Sie alles aus, was nicht vollkommen rein ist, lassen Sie jeden Zweifelhaften bei Zeiten gehen ohne Rücksicht auf seine Fähigkeiten und so genannte Unentbehrlichkeit."

Dagegen kam es für ihn nicht in Frage, Leute zu entlassen, wenn es mal vorübergehend an Arbeit mangelte. Eine Kürzung sozialer Leistungen in der Rezession lehnte der Patriarch ab: „Der Ruf des Etablissements darf nicht verlieren, die Sympathie der Leute darf nicht verwirkt werden", beschied er die Buchhalter. Dieser Krupp war ein merkwürdiger Kapitalist. An Gewinn war er nicht interessiert. Er war fixiert auf Wachstum, auf Größe. Ein Industrieller, kein Geldzähler. Einer, der vorwärts trieb. „Meine Ungeduld ist ein Krokodil, das lässt sich nicht bezähmen", sagte er.

1861 ließ er einen Riesenhammer zum Schmieden bauen. Das Ding war so gewaltig und so laut, dass man „damit die Gegenfüßler aus dem Schlafe" holen konnte, wie Krupp frohlockte. Ein Konkurrent kommentierte: „Nun wird Krupp wohl bald ins Irrenhaus kommen."

Aber Krupp zeigte es allen. Zwischen 1861 und 1871 wuchs die Belegschaft aufs Fünffache, der Umsatz stieg um 750 Prozent. Seine Erzeugnisse waren weltweit gefragt, besonders die Kanonen. Krupp lieferte Geschütze nach Ägypten, England, Russland, Belgien, Holland.

Zwölf Jahre Haft und Verlust des Vermögens: Alfried Krupp (l.) wurde 1948 als Kriegsverbrecher verurteilt. Drei Jahre später war er wieder da

Alles andere als Stahl: Arndt von Bohlen und Halbach verzichtete auf sein Erbe und lebte von einer millionenschweren Apanage. Er lebte leicht und kurz

**sorgen wie ein Vater für seine Kinder**

# „Die ganze Erde ist der Markt von morg

1889 füllte Krupp die gesamte Fläche zwischen Bahn und Kanal. Arbeiter und „Beamte" lebten in der Siedlung Kronenberg, das alte Essen machte sich klein

## en", sagte Beitz 1953. Er behielt Recht

Krupp war ein Industriemonarch und er baute sich sein eigenes Schloss: die Villa Hügel. Ein kalter Palast inmitten einer grandiosen Parklandschaft. 1873 zog die Familie (Alfred, seine 19 Jahre jüngere Frau Bertha und Sohn Friedrich Alfred) in den Prachtbau ein. Die „Hügelbude" (O-Ton Krupp) hatte 269 Zimmer. Für Krupp war Architektur eine technische, keine künstlerische Disziplin. Er hatte eine Klimaanlage einbauen lassen, aber sie funktionierte ebenso schlecht wie die Heizung. Nach dem Einzug klagte er, man könne sich „vor Kälte kaum retten". 1887 starb Alfred Krupp mit 75 Jahren. Sein Sohn Friedrich Alfred war 33 und kränklich, aber er zeigte bald unerwartete Führungsstärke. In Duisburg-Rheinhausen ließ er das größte einzelne Stahlwerk Europas bauen und war in kurzer Zeit zum ebenbürtigen Erben des Kanonenkönigs aufgestiegen. Er half Kaiser Wilhelm II. bei dessen Vorhaben, Deutschland eine starke Flotte zu geben. In den Augen der Sozialdemokraten und Linksliberalen zeigte sich bei Krupp eine unheilvolle Verbindung von Kapital, Industriewirtschaft und Politik.

**Der sozialdemokratische „Vorwärts" nahm Friedrich Alfred Krupp aufs Korn und zielte unter die Gürtellinie.** Die Zeitung berichtete im November 1902 von Orgien auf Capri, wo Krupp gern die Wintermonate verbrachte und sich der Tiefseeforschung widmete. Nun wurde der Industrielle als Homosexueller (und nach damaliger Rechtslage als Verbrecher) an den Pranger gestellt. Sieben Tage später war Friedrich Alfred Krupp tot. Ob es Selbstmord oder ein Gehirnschlag war, blieb ungeklärt. Der Kaiser sprach von einer Kampagne der Linken gegen Krupp und von „Mord".

Witwe Margarethe übernahm das Regiment als Treuhänderin ihrer noch minderjährigen Tochter Bertha, die 1906 einen preußischen Diplomaten ehelichte: Gustav von Bohlen und Halbach. „Taffy" war ein industrieller Laie. Der Kaiser erlaubte ihm dennoch, sich Krupp zu nennen, und tatsächlich wurde Gustav auch ein echter Krupp. Im Ersten Weltkrieg zertrümmerte seine „Dicke Bertha", eine Kanone mit einem Kaliber von 42 Zentimetern, feindliche Festungsanlagen.

Als der Krieg vorbei und verloren war, hatte Krupp 170 000 Menschen auf der Lohnliste, doppelt so viele wie bei Kriegsbeginn und 70 000 mehr, als gebraucht wurden. Krupp produzierte nun vorwiegend für Frieden und Schönheit. Der nicht rostende Stahl Nirosta schmückte und schützte die Turmspitze des 1930 eröffneten Chrysler Building in New York. Zu dieser Zeit waren viele deutsche Industrielle schon Förderer der Nationalsozialisten. Bertha und Gustav Krupp gehörten nicht dazu, vor der Machtergreifung spendeten sie den Nazis keinen Pfennig. Nach 1933 jedoch wurde Krupp „Nationalsozialistischer Musterbetrieb". Die Firma profitierte von Hitlers Aufrüstung. Und der forderte von seinem Jungvolk, es müsse hart sein „wie Kruppstahl". Im Zweiten Weltkrieg arbeiteten bei Krupp in der Spitze 220 000 Menschen, darunter 75 000 Zwangs- und Fremdarbeiter.

Nach dem Krieg konnten die Sieger Gustav Krupp nicht zur Verantwortung ziehen, er litt an Gehirnerweichung. So hielten sie sich an seinen Sohn Alfried Krupp, der seit 1943 Alleininhaber des Unternehmens war. Als der nach drei Jahren Haft an die Spitze des Konzerns trat, sah er sich nach einem fähigen und treuen Helfer um. Er fand

# Millionen für Wissenschaft und Sport

ihn in Berthold Beitz, den er 1953 zu seinem Generalbevollmächtigten machte. Beitz kam nicht aus dem Revier, sondern war Direktor einer Versicherung in Hamburg. Als Manager in der Ölindustrie hatte er zwischen 1941 und 1944 viele jüdische Menschen gerettet.

Beitz verkörperte perfekt die sich erneuernde Firma Krupp, die nun Stahlwerke in Indien baute und Loks für die Bundesbahn. Er war ein hervorragender Verkäufer und Wirtschaftsdiplomat. „Die ganze Erde ist der Markt von morgen", sagte er und forcierte schon Mitte der fünfziger Jahre den Handel mit dem kommunistischen Osteuropa. Damit gehörte er zu denen, die den Boden für Willy Brandts Ostpolitik bereiteten.

Der verschlossene Alfried Krupp überließ ihm gern das Feld. Er lebte nach zwei Scheidungen zurückgezogen in einem Bungalow im Hügel-Park und rauchte bis zu hundert Zigaretten am Tag. Immer häufiger verbrachte er seine Zeit in Argentinien. Krupps einziger Sohn Arndt hatte viele Neigungen, aber nicht die, an die Spitze des Konzerns zu treten. 1966 handelte ihm Beitz im Auftrag des Vaters einen Erbverzicht ab. Dafür bekam Arndt eine jährliche Apanage von zwei Millionen Mark. Im Jahr darauf starb Alfried Krupp mit 59 Jahren an Krebs. Wie er gewünscht hatte, brachte Beitz das Unternehmen 1967 in eine gemeinnützige Stiftung ein. 156 Jahre nach seiner Gründung war Krupp kein Familienunternehmen mehr. Es gab ja auch keinen Krupp mehr. Der letzte, der einer hätte werden können, Arndt von Bohlen und Halbach, starb 1986 nach einem ziellosen Leben als exzentrischer Playboy. **Was blieb, war die Alfried-Krupp-von-Bohlen-und-Halbach-Stiftung mit Berthold Beitz an der Spitze.** Hunderte von Millionen Euro flossen seit 1967 für Zwecke der Wissenschaft, Gesundheit, Erziehung, Kultur und Sport – und der Gemeinnutzen soll weiter gemehrt werden. Das Unternehmen Krupp übernahm 1992 den Konkurrenten Hoesch und fusionierte sieben Jahre später mit Thyssen. Der Stiftung gehören heute 20 Prozent der Aktien – und die Villa Hügel, jenes steinerne Denkmal einer vergangenen Industrieherrlichkeit. □

**Rüdiger Jungbluth,** *Wirtschaftsjournalist in Hamburg, wurde mit seinem Buch „Die Quandts" berühmt.*

## MERIAN | INFO Familien, die Essen groß machten: Die Grillos und die Waldthausens

Heute ist er fast vergessen, aber in den sechziger und siebziger Jahren des 19. Jahrhunderts war **Friedrich Grillo** (1825 - 1888) der wagemutigste Konzernbauer an Rhein und Ruhr. Mit geliehenem Geld kaufte der Sohn eines Essener Eisenwarenhändlers Steinkohlezechen, Eisenhütten und Stahlwerke auf und kombinierte sie zu schlagkräftigen Einheiten. Mit der Hilfe des Bankiers Adolph Hansemann baute Grillo 1872 den kurzzeitig größten deutschen Industriekonzern zusammen: die Dortmunder Union AG. Aber der Koloss schrieb rote Zahlen, viele Kleinaktionäre verloren Geld. Bald darauf gründete Grillo die Gelsenkirchener Bergwerks-AG, die der größte Kohlenlieferant des Reiches werden sollte. Den Essenern ist Grillo durch das Theater in Erinnerung geblieben, das er und seine Frau der Stadt stifteten. Der Industrielle starb in geistiger Umnachtung.

Grillos älter Bruder Wilhelm (1819 - 1889) lebte länger, und sein Werk erwies sich als beständiger. Er hatte sich in der Zinkindustrie betätigt, und die von ihm begründete Grillo-Gruppe gibt es heute noch. Vorstandschef der Familienfirma, die 1700 Menschen beschäftigt und in Duisburg sitzt, ist Ulrich Grillo.

Ein Unternehmerehepaar des 19. Jahrhunderts: Friedrich und Wilhelmine Grillo

Die **Waldthausens,** seit dem 17. Jahrhundert in Essen ansässig und als Kolonialwarenhändler tätig, wurden im Wollhandel groß. Sie kauften Schafswolle in Sachsen und Schlesien und verkauften sie an Tuchmacher im Ruhrgebiet und im Bergischen Land. Als die Industrialisierung anhob, begannen die Waldthausens, ihr Geld in Gründerunternehmen anzulegen. So wandelte sich der weit verzweigte Händlerclan zu einer Bankiersfamilie mit weit reichendem Einfluss in der rheinisch-westfälischen Industrie. Die Waldthausens investierten Geld in Kohlezechen und Stahlunternehmen, sie finanzierten Pioniere wie Stinnes und Haniel. Sogar bei Krupp waren die Brüder Ernst und Julius von Waldthausen zeitweilig beteiligt. Einer Spende der Familie verdankten die Essener 1902 ihre Stadtbibliothek. Im Bankhaus Waldthausen & Co. war der spätere Bundespräsident Richard von Weizsäcker von 1958 bis 1962 persönlich haftender Gesellschafter.

# After work

Abhängen und anmachen in der Essener Szene, wie Anne Schuhmann sie sah. Und wie Essener Nachtschwärmer sie erlebten

Im Mudia Art im einstigen Kruppwerk kämpft Schwarzweiß gegen Rotlicht. Rot gewinnt immer

**22 Uhr:** Es riecht nach Weihrauch im **Mudia Art.** Wenn man auf der Tanzfläche steht, sieht man über sich den alten Kran mit seinen „max. 20 Tonnen Traglast“ und ... eine Herrin mit ihrem Sklaven an der Kette kreuzt die Wege der Gäste. Wo finde ich den Darkroom?

Komm, ich lad dich zum Diner ein. Im De Prins gibt es die besten Pommes frites der Stadt

Das Mudia Art verspricht viel. Aussichten im House Floor

Mudia Art: erste Zusagen im Rhythm & Blues Floor

**23 Uhr:** Eine Herrin mit ihrem Sklaven an der Kette kreuzt die Wege der Gäste. Das reicht, wir ziehen ins **De Prins:** Kitsch mit dem holländischen Königspaar als Barbie-Puppen. Eine eiskalte grüne Flasche Grolsch an den Lippen regt die Phantasien der Kellnerinnen an

Kalter Engel: Dark Lady vor dem Darkroom des Mudia Art

Oder so: entspannt sitzen und warten, was passiert

**1 Uhr** Probleme mit den Türstehern? Nimm den Anzug, in Schwarz oder Weiß kannst du sein, wer du willst. Nicht alles ist erlaubt im Mudia Art, aber fast. Auf der Toilette sitzt eine nackte Frau im Käfig und sieht den Herren beim Geschäft zu.

**3 Uhr, Hotel Shanghai** Opiumhöhle? Hotellounge? Eine elektronische Lotosblüte. The new Studio 54 of the 21st century! Mir gefällt's besser im Shanghai als in den New Yorker Clubs! Vendredi grotesque – der große Abend der Freaks und Furchtlosen, ich sag nur „peace, love, and we are family!“

Hotel Shanghai: Opiumhöhle? Nein, eher das Studio 54 des 21. Jahrhunderts. Mit Love and Peace

Essens **Tempel der Nacht** sind voller Versprechunger
Die gemütlichen Eckkneipen gibt's auch noch, aber di

# Before Dawn

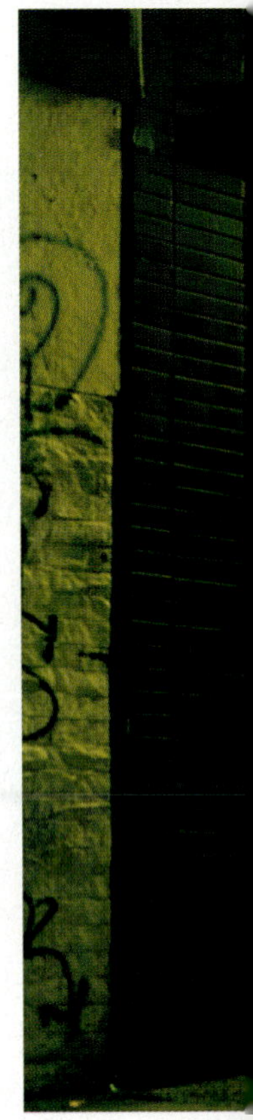

*Capribar Im Keller wird das Tanzbein geschwungen wie ein Lasso. Du warst mit zwei Freunden da, ihr spielt in einer Band, ich habe dich an der Theke angesprochen. Irgendwann nachts kramen sie fast vergessene Musik-Perlen aus den Vinyl-Kisten hervor. Wir sind uns dann noch im Auto sehr nahe gekommen*

Capribar: Drinnen zu heiß, draußen schön verloren.

(I 3) **Mudia Art** Erotisches Flair in einer alten Fabrikhalle mit Gogotänzerinnen und sexy Pipapo, manchmal Indoor-Feuerwerke. Publikum gemischt, aber ohne Jackett oder Kleid kommt man nicht rein. Gelegentlich Promis. Musik in fünf Abteilungen zwischen House, Techno und Dancefloor, Latin und Charts.
**Frohnhauser Straße 75, Tel. 23 50 28**
**www.mudiaart.de**
*Sa/vor Feiertagen ab 22.30 Uhr*

(L 5) **De Prins** Falsche Elchköpfe an der roten Wand, strippende Barbies drehen sich neben der Theke und eine Eisenbahn fährt unter der Decke Reklame für die Mayo des Monats – dieser Holländer ist absoluter Kult in Essen. Wäre nicht immer so viel los, könnte man stundenlang über die Ausstattung staunen. Und das Bier würde nicht mal schal, dank Bügelflasche. Sven Dülfer betreibt neuerdings auch die De-Prins-Galerie um die Ecke.
**Südviertel, Isenbergstraße 12-14**
**Tel. 77 55 78,** *Mo-Do 11-01 Uhr, Fr/Sa 11 bis 03 Uhr, So 16-01 Uhr*

(L 2) **Hotel Shanghai** Alles geht an diesem elektronischen Ort jenseits von Zeit und Mainstream: ein Ambiente zwischen Opium-Höhle der 1920er und neonverpestetem Handelszentrum. Hier trifft man die geballte Freak-Power des Reviers und sieht leuchtend bemalte Damen ausgestopfte Füchse spazieren führen. Man kann aber auch einfach wegen der ausgefallenen elektronischen DJ- und Konzertnächte kommen.
**Innenstadt, Steeler Straße 33**
**Aktuelle veranstaltungen unter**
**www.hotelshanghai.de** *Meist ab 23 Uhr*

(I 6) **Capribar** Wer zu Funkbreaks und Bigbeats, Soul und manchmal Reggae tanzen möchte, kommt um die schnuckelige Capribar nicht drumrum. Spät wird's eng und heiß. Publikum überwiegend studentisch.
**Rüttenscheid, Alfred-Straße 43**
**(Karstadt-Passage) www.capribar.com**
*Mi, Do 21-3, Fr, Sa 22-6 Uhr*

(K 1) **Lighthouse 21** Leuchtturm nennt sich dieser Club vielleicht auch deswegen, weil Atmosphäre in der eher farblosen Umgebung vor allem mit Licht erzeugt wird. Neben der durchgestylten Miami-Tanz-Lounge gibt's einen kleineren Bereich mit Retro-Tapeten und Sitzgelegenheiten aus den 70ern. Unter der WocheEvents, jeden Samstag ist

Generation SMS verabredet sich in den Hotspots, die Erfüllung versprechen – noch vor Sonnenaufgang

Clubnight mit Minimal Techno, House oder Electronic. Kein Dresscode.
**Hilgerstraße 2, www.lighthouse21.de**
*Sa ab 23 Uhr*

(K/L 3) **Salsoteca Viva Caribe** Unwillkürlich überkommt einen eine kleine Melancholie, dass man selbst kein guter Tänzer ist. Aber was nicht ist, kann ja noch werden – und zuschauen macht auch Spaß. Musik und Publikum: Überwiegend Latin und Black.
**1. Dellbrügge 5, Tel. 23 87 13 (Öffnungszeiten erfragen)**

(K 2) **Maze** Junges, hippes Publikum lümmelt sich in Polstermöbeln und schlürft leckere Cocktails. Bar, Lounge, Restaurant – das Konzept heißt Crossover, und das gilt auch für die Küche.
**Innenstadt, Viehofer Straße 60**
**Tel. 244 85 00, www.maze-lounge.de**
*Di-Fr 12-15 & ab 17.30 Uhr. Mo, Sa, feiertags ab 18 uhr*

(K 4) **Daktarie** Viele vorzügliche Cocktails im Dschungelambiente. Manchmal sind die Schlangen nicht unter den Tischen, sondern vor der Tür.
**Südviertel, Juliusstraße 4**
**Tel. 269 85 95,** *21-4 Uhr*

(K 7) **Ego Bar** Der Klassiker im Herzen Rüttenscheids: Zwischen Rock und Achtzigern fühlt sich das meist gut gebräunte Publikum tanzbar wohl. Auch für Ü-30 noch ein Anlaufhafen. In direkter Nachbarschaft zu Biercafé Schmitz und Cocktailbar Schwarzer Rose unter gleicher Führung.
**Rüttenscheider Straße 143**
**Tel. 79 78 18, www.ego-bar.de**
*tägl. ab 21 Uhr*

(K 7) **Mondrian** Ob bei Latte macchiato, Cocktail oder hausgebackenem Kuchen – von der großen Terrasse des hell-eleganten Mondrian lässt sich trefflich der Rüttenscheider Way of Life verfolgen. Sogar im Winter.
**Rüttenscheiderstr. 113, Tel. 78 01 78**
**www.cafe-mondrian.de**
*Mo-Fr 9-23 Uhr, Sa 10-1 Uhr*

(K 6) **Soul** Wohnzimmeratmosphäre mit dem Charme der Siebziger. Gut zum Quatschen. Der Name ist Musikprogramm, aber Tanzfläche gibt's nicht.
**Südviertel, Kahrstr. 3, www.soul-barcafe.de**
*Mo-Do 18-1, Fr, Sa 18-3 Uhr So 10-1 Uhr*

**Weitere Tipps und Adressen auf Seite 131**

Erste Schritte: Die Eleven des Jahrgangs 05 finden ihre Bewegung in den Räumen der Hochschule

Bewegungstraining

n der „Fabrik“

# Wie es euch bewegt

Tanz an der Folkwang Hochschule in Werden: Das war die **Erfindung einer Kunst** und ist bis heute stete Erneuerung

**Fotos: Laura Hegewald, Text: Michaela Schlagenwerth**

Seit 30 Jahren tanzt Dominique Mercy im Ensemble von Pina Bausch – und lehrt in Essen

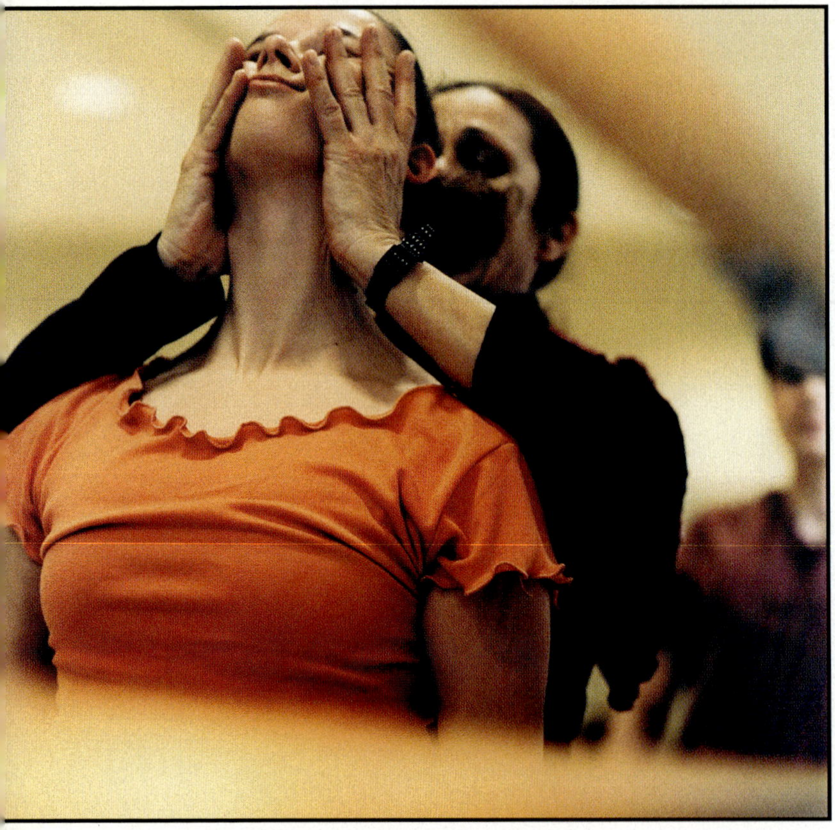

Etwas ist in den Tänzern und sucht den Weg nach außen. Und findet ihn mit Hilfestellung

Will man von der Folkwang Hochschule in Essen berichten, dann kann man nicht anders: Man muss mit dem Begründer Kurt Jooss beginnen, mit einem Ballett, das am 3. Juli 1932 in Paris den ersten Preis in Choreografie gewann, und mit einer Emigration, die unter den modernen Tanzkünstlern Deutschlands die Ausnahme blieb. Das Ballett „Der grüne Tisch", entstanden am Vorabend der faschistischen Machtergreifung, ist ein expressionistisches Antikriegsstück, in dem schwarz befrackte Herren an einer langen Tafel über die Geschicke der Menschen verhandeln, der Tod sich ein Tänzchen tanzt und schließlich alle holt. Nur die Verantwortlichen, die Herren am Tisch, bleiben verschont. Der Choreograf Kurt Jooss wurde Anfang der dreißiger Jahre durch dieses Stück weltberühmt. Mehr als vierzig Compagnien haben es in den vergangenen Jahrzehnten in ihr Repertoire aufgenommen. „Der Grüne Tisch" ist längst mehr als ein Ballett, es ist ein Stück Zeitgeschichte, das bis heute etwas von der damaligen Ahnung einer schrecklichen Zukunft vermittelt – und von einer tiefen Menschlichkeit.

**Kurt Jooss, der Schöpfer, emigrierte bereits 1933. Anders als fast alle seine berühmten Tanzkollegen,** die sich zunächst in Hoffnung auf Geld, Macht und Ruhm vom Nationalsozialismus vereinnahmen ließen und unter anderem an der Gestaltung der Olympischen Spiele mitwirkten. Jooss hatte

# Wenn es brennt, ist es gut

Den Körper in der Schwebe halten, der inneren Flamme Luft geben und tanzen, tanzen, tanzen

Klassische Figuren dienen zur Klärung des Ausdrucks: Prof. Lutz Förster beim Unterrichten der dritten Klasse

sich geweigert, seine jüdischen Mitarbeiter zu entlassen. Er flüchtete vor einer drohenden Verhaftung mit seiner gesamten Compagnie erst in die Niederlande und fand schließlich im Süden Englands, in Dartington Hall, ein Exil für sich, seine Compagnie und seine Schule. Von dieser Geschichte und dem Geist ihres Gründers ist die Tanzabteilung der Folkwang Hochschule bis heute geprägt. Es ist ein Teil ihres Stolzes und ihres Traditionsbewusstseins.

Als sie 1927 von Kurt Jooss und dem Operndirektor Rudolf Schulze-Dornburg gegründet wurde, war die Folkwangschule etwas Einmaliges. Es gab bis dahin keine Ausbildungsstätte, die Tanz, Musik und Schauspiel nicht länger als voneinander isolierte Künste betrachten wollte. Es gab überhaupt keine allgemeine Ausbildung für modernen Tanz. Denn modernen Tanz hielt man für eine individuelle Sprache, für die es, anders als beim klassischen Ballett, keinen kanonischen Unterricht und keine allgemein gültigen Regeln geben könne. Tanzprophetinnen wie Mary Wigman oder Gret Palucca unterrichteten in dem jeweils von ihnen geschöpften individuellen „Ausdruck", an dem dann ihre Eleven partizipieren konnten. Anders, so meinte man, gehe es nicht. Bis Kurt Jooss kam und – angeregt von den Lehren des Tanztheoretikers Rudolf von Laban – als erster nicht nur in Deutschland, sondern in Europa das Gegenteil praktizierte. Er wollte die Schüler befähigen, nicht nur einen bestimmten, sondern unterschiedliche moderne Stile zu tanzen.

Fragt man heute Lutz Förster, den Beauftragten des Studiengangs Tanz, nach Kurt Jooss, nach seiner bedeutendsten Schülerin Pina Bausch und nach pädagogischen Leitfäden, erzählt er Folgendes: In New York habe man einst die junge Pina Bausch gefragt, wessen Meisterschülerin sie denn nun sei. Die von Kurt Jooss, bei dem sie 1955 im Alter von 14 Jahren ihre Ausbildung begann, oder die von Antony Tudor oder José Limon, bei denen sie in den USA weiterstudierte? „Ich bin ich", antwortete Pina Bausch, „ich bin die Meisterschülerin von niemandem." Ihm gefalle diese Antwort so außerordentlich, sagt Lutz Förster, weil er eine Ausbildung bejahe, die ihren Schülern eine solche Haltung ermögliche. Wobei sich darin auch gleich eine besondere Schwierigkeit zeigt, mit der man bei Folkwang Tanz leben muss. Denn die Unabhängigkeit und den Eigensinn der Schüler zu fördern, gilt seit einigen Jahren als allgemeines pädagogisches Rüstzeug. Bei Folkwang aber ist es eine seit 75 Jahren währende Tradition. So ist es mit vielem: Was anderswo hip, neu und überraschend klingt, gibt es hier schon sehr, sehr lange.

Dass sich Denken, Unterrichtsstoffe und Methoden bei Folkwang trotzdem ständig genauso erneuern wie anderswo, wird manchmal durch die große, so vieles vorweg nehmende Geschichte verschleiert. Eine Geschichte, die natürlich nicht nur von Kurt Jooss, sondern mindestens ebenso von Pina Bausch geprägt ist. 1949, als Jooss aus dem Exil zurückkehrte und wieder die Leitung der Schule übernahm, hatte sich der moderne Tanz in Deutschland politisch, aber auch ästhetisch diskreditiert. Auf deutschen Bühnen gab es fast ausschließlich klassisches Ballett zu sehen. Jooss, der sich in den zwanziger und frühen dreißiger Jahren gegen die machtbewussten modernen Tänzer auch für das Ballett eingesetzt hatte, engagierte sich nun unter umgekehrtem Vorzeichen für den modernen Tanz. Aber er tat dies in einer künstlerisch dürren Situation, in der die Schule nur unter Mühen ihre Bedeutung behaupten konnte. So lange, bis Pina Bausch kam.

Er wisse jetzt wieder, warum er unterrichte, sagte Hans Züllig – erst Schüler, dann Nachfolger von Kurt Joos bei Folkwang – als er 1974 in Wuppertal „Iphigenie auf Tauris" sah, eine der ersten großen Bausch-Arbeiten. Pina Bauschs Rang als genialische Ausnahmekünstlerin ist sowieso unbestritten, aber auch ihre Bedeutung für die Folkwangschule kann gar nicht hoch genug geschätzt werden. Durch sie wurden quasi die Geschichte und alle Ideale, die die Schule je gelehrt hatte, zu Fleisch und Blut und tiefster Wahrhaftigkeit. Die bedeutendsten Protagonisten der ersten Stunde des Bausch-Theaters kamen alle von Folkwang. Aus der ganzen Welt strömten die Menschen, um Pina Bauschs Stücke in Wuppertal zu sehen und bald schon war Pina Bausch mit ihrer Compagnie auch in der ganzen Welt unterwegs – und dabei wurden nicht nur sie und ihre Tänzer, sondern auch die Essener Folkwang Hochschule weltberühmt.

NOKIA
MERIAN scout
Ergebnis 4/20
1.1 km: La Luna
Neuer Kamp, 20359, Hamburg
1.1 km: Nil
Neuer Pferdemarkt, 20359, H...
1.1 km: Ti Breizh - H...
Deichstr., 20459, Hamburg
Optionen
Zurück
LIEBER GUT GEFÜHRT
ALS DUMM GELAUFEN.
Mobile Navigator live
you have arrived
MERIAN
smart2go™
NEU: MOBILE NAVIGATION MIT REISEFÜHRER BEI
WWW.MERIAN.DE
MERIAN
live!
guide
kompass
scout
map
Mit smart2go™ geht's einfach los: Speicherkarte ins Smartphone oder den Pocket PC stecken, den mitgelieferten GPS-Empfänger aktivieren und schon läuft die mobile Navigation. MERIAN scout macht Ihren Personal Navigator auch zum Reiseführer! Die besten Restaurants, Hotels, Tipps zu Designer und Factory Outlets – schon alles drin im smart2go™ Paket. Mehr Informationen und den Shop finden Sie unter WWW.MERIAN.DE
MERIAN
scout
Die Lust am Reisen

Von überall bewarben sich Tanzstudenten wegen der besonderen Ausbildung. Aber auch in der Hoffnung, so vielleicht Zugang zum berühmten Bausch-Ensemble zu finden. Noch heute, so sagt Lutz Förster, müsse man den Bewerbern zuweilen klar machen, dass die Aufnahme bei Folkwang keine Eintrittskarte in die Wuppertaler Compagnie sei. Auch wenn die Hälfte des aktuellen Bausch-Ensembles aus Essen kommt. Aber Folkwang-Studenten tanzen auch an vielen anderen Orten. Der schräge Sadomaso-Künstler Felix Ruckert ist ebenso Folkwang-Absolvent wie die spröd-minimalistische Wanda Golonka oder der algerische Zauberer Samir Akika.

Überhaupt hat Folkwang Tanz eine enorme Anzahl an wichtigen Choreografen hervorgebracht. In den siebziger und achtziger Jahren waren das insbesonders Susanne Linke und Reinhild Hoffmann, später folgten Joachim Schlömer, Urs Dietrich und viele, viele andere. Dieser enorme Output hängt eng mit den Unterrichtsmethoden zusammen. Es interessiere sie weniger, wie die Menschen sich bewegen, sondern vielmehr, was sie bewegt, lautet ein legendärer, zentraler, früher Satz von Pina Bausch über ihr Tanztheater. Er gilt in gewisser Weise auch für den Folkwang-Unterricht. „Wir lehren einen Tanz, bei dem Ehrlichkeit ein zentrales Moment ist", sagt Lutz Förster. Nicht Tänzer, sondern tanzende Menschen wolle man ausbilden, heißt es in einer aktuellen Broschüre von Folkwang Tanz.

Das klingt ein wenig moralisch, aber es ist ein Grund, warum in Folkwang schon mancher Student eine Chance erhielt, der anderswo nicht einmal eine Bewerbung zu schicken brauchte. Folkwang nimmt immer wieder Schüler, die allgemein als zu alt gelten, um noch eine Tanzausbildung zu beginnen, oder die aufgrund ihrer körperlichen Eigenschaften für ungeeignet befunden werden. Doch wenn es in diesen Menschen brennt, so die Haltung in Essen, kann unendlich viel daraus entstehen.

**Überhaupt wurde Verschiedenheit bei Folkwang schon immer nicht als Problem, sondern als Qualität verstanden.** Dass man von keinem anderen Körper ausgehen kann und soll, als von dem, den man hat, ist eine der ersten Unterrichtsregeln. Das klingt einfach. Es ist aber in einer Kunst, in der sich viel danach richtet, wie hoch man springen und wie weit man seine Beine ausdrehen kann, nicht so einfach umzusetzen. Zu begreifen, wo die eigenen Möglichkeiten liegen und wie man vielleicht gerade aus Handicaps und Schwierigkeiten etwas Eigenes, Besonderes entwickeln kann, fördert die Kreativität weit über das bloß Tänzerische hinaus. Das ist ein Grund, warum Folkwang nicht nur ein Tanzstudium, sondern gleichzeitig eine Choreografenschmiede ist.

Heute ist die Brüsseler PARTS-Schule der belgischen Choreografin Anne Teresa de Keersmaeker dabei, Folkwang als Choreografenschmiede den Rang abzulaufen. Überhaupt ist die Konkurrenz groß geworden. Die Zeiten, als Folkwang Tanz eine singuläre Erscheinung in Deutschland oder gar in Europa war, sind lange vorbei. Auch die Anerkennung als Hochschule macht nicht alle Dinge leichter. So flexibel wie kleinere, unabhängige Organisationen kann man hier nicht agieren. Dass Folkwang Tanz zu sehr mit seiner Geschichte identifiziert werde, sagt Lutz Förster, und dass man längst akzeptiert habe, eine Ausbildungsstätte unter vielen anderen zu sein. Aber das ist natürlich nur die halbe Wahrheit. Im Folkwang Tanzstudio, das von Henrietta Horn gemeinsam mit Pina Bausch geleitet wird, gibt es immer wieder aufregende und viel versprechende Produktionen von Folkwang-Studenten zu sehen. Schaut man bei namhaften internationalen Compagnien die Tänzerbiografien durch, begegnet einem der Name Folkwang allerorten. Und natürlich fallen auch Lutz Förster so viele wichtige, erfolgreiche Folkwang-Absolventen ein, dass er aus Höflichkeit lieber darauf verzichtet, sie alle aufzuzählen. □

**Michaela Schlagenwerth** *verfolgt seit Jahren die moderne Tanzszene. Seit 1996 ist sie Tanzkritikerin der* Berliner Zeitung.

## MERIAN | TIPP Tanzstadt Essen

Vor allem Pina Bausch prägt seit 1968 (mit Unterbrechungen) das Profil des heutigen **Folkwang-Tanzstudios (FTS)**. In der Alten Aula erfand sie das moderne Tanztheater. Seit 1999 teilt sie sich die künstlerische Leitung mit Henrietta Horn. Deren choreografische Werke stehen im Mittelpunkt der Arbeit der Compagnie.

**PACT Zollverein**, wie sich das Choreografische Zentrum seit 2002 nennt, wurzelt in dieser Tradition – zumal Susanne Linke zu den Initiatoren zählt, die das FTS von 1975 bis 1983 leitete. Die arrivierte Prominenz forscht und tanzt hier ebenso wie der Nachwuchs und die regionale und internationale Avantgarde, die mit Arbeitsstipendien in die stimmungsvollen Gemäuer der ehemaligen Waschkaue auf Schacht 1/2/8 geholt wird.

Auch das **Essener Ballett im Aalto-Theater** unter Leitung von

Pina Bausch, 65 und hoch aktiv

Prof. Martin Puttke – als dritter Tanzstern Essens – ist dem Grillo-Theater entwachsen. Und wo sich so viele Tänzer tummeln, ist es ganz logisch, dass sich auch der **Deutsche Berufsverband für Tanzpädagogik** in Essen gründete. Hier verleiht er auch seit 1983 den Deutschen Tanzpreis – natürlich im Aalto-Theater.

**www.folkwang-tanzstudio.de**
**www.pact-zollverein.de**
**www.theater-essen.de**

Reinhard Wiesemann

**erfindet freudig Risiken**

# Nobody is perfect

**Im UNPERFEKTHAUS, einem hässlichen Betonbau, sind alle Arten schöner Experimente versammelt. Hier darf jeder, wie er will, und alle Gäste sind verzaubert. Und das Ganze soll auch noch Gewinn machen**

**Text: Thomas Mader, Fotos: Anne Kathrin Schuhmann**

Die Mönche hat niemand vertrieben, sie sind freiwillig gegangen. Der letzte, ein polnischer Franziskaner, lebte ganz allein in dem riesigen Stahlbetonkloster, das eher an ein Parkhaus mit Fenstern erinnert, gleich neben Karstadt. Doch 1999 gab auch er seinen Schlüssel ab. Als nach fünf Jahren noch immer keiner die Beichtstühle beiseite geräumt hatte, kam endlich ein Mann mit einer wirklich neuen Idee.

**Reinhard Wiesemann** hatte den Gedanken, sein Unperfekthaus zu gründen, vor zehn Jahren auf einer Baustelle. „Dort habe ich erfahren, dass es einen Zusammenhang gibt zwischen dem Perfektionsgrad einer Umgebung und der Anzahl der Leute, die aktiv werden können.“ Mit anderen Worten: Wenn sich die Umgebung der Perfektion nähert, schwindet das Interesse an ihr. Wiesemann hat ständig solche Ideen – und er findet Anwendungen. Bastelte im elterlichen Keller aus zwei Kassettenrekordern ein Modem für Fernschreiber und machte den ersten Platz bei einem Wettbewerb für junge Erfinder, gründete mit 18 Jahren die heutige Firma Wiesemann & Theis, modelte die Industriellenvilla Vogelsang in das noble Linux-Hotel um. Und dann kauft dieser erfolgreiche Unternehmer ein klotziges Kloster, um Ateliers aus den Mönchszellen zu machen,

Nicole Ollech

**bildhauert in Styropor**

einen Konzertsaal aus der Kapelle, und die neuen Yogaräume gibt er umsonst an Kreative ab. Umsonst? Einschließlich der 50 Computer, der Musikinstrumente, der Strom- und Heizkosten? „Ich will wirklich Geld damit machen", sagt der 46-Jährige. Spätestens 2007 soll sein Unperfekthaus die Gewinnschwelle erreichen. Für die Tagesbesucher gilt ein Mindestverzehr von sieben Euro. „Aber auch das Haus selbst", sagt Wiesemann, „ist vergleichbar mit einem Büfett: all you can do."

**Elvira Sürig** will mit ihrer Kreativ-Küche „herausfinden, ob der Körper ein Bedürfnis nach bestimmten Farben hat. Wie schmeckt Grün oder Gelb?" Nach Spaghetti mit Limonen-Petersilien-Sauce zum Beispiel. Dazu zeigt ein Künstler seine computergenerierte Visualisierung von geschmacklich abgestimmter Musik. Jemand trägt erotische Lyrik vor. Dann Farbwechsel: „Frittierte Rosen in Weinteig sind traumhaft – aber wo krieg' ich ungespritzte Rosen her?" Zum Dessert vielleicht die blaue Erdbeere. Blaubeeren wären zu einfach. Noch ist das nur Idee, denn es ist schwierig, Publikum zu finden für Eat Art. Aber wo, wenn nicht im Unperfekthaus, denkt die ehemalige Restaurantbetreiberin mit dem tomatenroten Schopf. „Vielleicht mach' ich ein Buch mit anderen Künstlern." Und warum nicht eine Fernsehsendung stattfinden lassen: So kocht der Pott.

**Karsten Behr** begegnen wir in der spirituellen Klönecke. Zufällig. Esoterik und Religion sind eigentlich nicht sein Ding – „aber wenn mir in meinem Kelleratelier die Decke auf den Kopf fällt, gehe ich rum und gucke, wen ich treffe." Und so bleibt der Kunsthandwerker eben hängen auf der Dachterrasse, wo's gerade um Cappuccino und Reiki geht. Behr hätte auch **Sina Traube** treffen können; das wäre lustig geworden, denn sie gibt Lachseminare. Oder mit **Nicole Ollech** fachsimpeln, seiner Nachbarin, die

Elvira
Sürig
Lässt das Auge
mitgenießen

## Karsten Behr

**träumt von schönen Räumen**

ebenfalls plastisch arbeitet, allerdings mit Styropor. „Hier gibt's Ideen im Haus, da kann man aufspringen, man kann es auch lassen", sagt der 37-Jährige. Das gilt auch für Besucher, denn alle Räume stehen offen: Der Physiker Gerold Geist erklärt, wie man Blitze mit Strom aus Wasser macht, der Kabarettist Volker Stewin sitzt auf dem Flur im dritten Stock und singt eine Ode an die Arbeitsagentur, und Karsten Behr führt uns das bunt bemalte Treppenhaus hinunter, vorbei an dem goldbesprühten Computer im Einkaufswagen – eines seiner Frühwerke. Die Tür geht auf: Tücher, Lichtketten, eine kleine Theke und ein Sofa, auf dem sich viel zu selten ein Besucher niederlässt. Aus der Rückwand wachsen anemonenhafte Deckenstrahler. Der gelernte Stukkateur träumt von einem eigenen Betrieb, um Räume zu gestalten wie sein Vorbild Gaudí. Dass man das Unperfekthaus verlässt, sagt er, ist in dem Konzept enthalten.

**Walther Panthen** meditiert neben den Beichtstühlen über die Dialektik von Sexus und Tod. Oder spielt er nur Solitär an seinem Computer? Es ist ein wenig schmuddelig in seiner Ecke. Hier steht ein Stuhl mit Mikro, den er zur Speakers' Corner deklariert hat, dahinten sein Sarg, den er für „Begehungen" anbietet – als Aufforderung und Methode zur Systematisierung der Sehnsüchte: Besteige den Sarg und spüre deine Freiheit! Ab und an lässt er sich auch darin durch die City tragen und segnet Kuscheltiere. Der „Stadtgeist" alias Al Pino alias Walter Panthen will provozieren. „Und das tut er intensiv", sagt Wiesemann. „Einige haben schon seinetwegen das Haus verlassen." Aber Wiesemann hat erkannt, dass jede Stadt so einen braucht, der ein bisschen Chaos stiftet. Ein Simulationskünstler ist der Stadtgeist vielleicht, aber einer, der stimuliert.

**Wolfgang Bort** zündet in Sürigs Dachgartencafé eine Rakete. Die mit Wasser und Luftdruck befeuerte Plastikflasche macht „platsch" und den Kindern und Kinderinnen riesig Spaß. Seit 1981 betreibt der 59-jährige Bort die mobile Spielwerkstatt Rhinozeros. Lässt Boote aus Milchtüten falten, ein Museum aus Kernseife schnitzen, Tetraeder aus Zahnstochern und aufgeweichten Erbsen konstruieren. Legionen von Pädagogen haben sich bei ihm weitergebildet. Die Kinderkulturwerkstatt ist für Bort ein „Schaufenster", um neue Kunden zu gewinnen. Nebenbei befragt er sie für eine Studie über Orte der Kindheit. Ein Buchprojekt soll daraus werden und ein neues Standbein in der Beratung von Stadtplanern und Architekten. Erste Erkenntnisse: „Faszinierend ist nicht der schöne Spielplatz, sondern der Bastelkeller, wo mal was kaputtgehen darf. Ein begrenzter, fehlerfreundlicher Freiraum." Und eine perfekte Umschreibung für das Unperfekthaus. □

**Wolfgang Bort**
**kultiviert Kinder-Kultur**

## MERIAN | TIPP Und das gibt's auch noch

**Unperfekthaus**
**Friedrich-Ebert-Str. 18**
**Tel. (02 01) 84 73 50**
**www.unperfekthaus.de**
**info@unperfekthaus.de**
Der **Eintritt** ist entweder frei, dann muss man für ein Minimum von 7 € (4 € ermäßigt) verzehren. Dafür gibt es einen Verzehrgutschein, der an verschiedenen Stellen im Haus einlösbar ist. Oder man zahlt Eintritt ohne Verzehrzwang. Dafür gibt es Wochenkarten (7 €), Monatskarten (20 €) und Jahreskarten (120 €), erm. 4 €/12 €/72 €. Kinder bis 6 Jahre kommen kostenlos rein. Außer den Leistungen der vielen Kreativen kann man dann noch etliche Dinge genießen.
**UND DAS SIND**
die **Angezogen-Sauna:** 2 Minuten lang inhaliert man 90 Grad heiße Saunaluft, aber da der Wintermantel vor der Hitze schützt, kommt man nicht ins Schwitzen. Soll bestens vor Erkältungen schützen.
Im Erdgeschoss befindet sich das Café und Restaurant **„Wohnraum".** Nicole Hofen kreiert mit ihrem Team erstklassige, preiswerte Frischküche.
Wenn man im 4. Stock durch die Kreativküche und dann durch zwei weitere Türen geht, kommt man in den Raum 451. Das ist der **Ruheraum,** wo City-Gestresste einfach ein Nickerchen halten können.
Im **Tonstudio in Raum 321** kann man Musikmachern bei der Arbeit zuschauen, man kann sich aber auch ein Stückchen komponieren lassen, zum Mitnehmen oder Verschenken.

An der RAG führt im Ruhrgebiet kein Weg vorbei. Wer nach Essen kommt, begegnet auch dem Konzerngebäude im Herzen der Stadt

# Einer für alle

## Ein Konzern, der wie kein anderer die Metropole Ruhr repräsentiert: die RAG

Walsum, unweit von Duisburg. Wenige hundert Meter trennen hier Vergangenheit und Zukunft. Der Blick fällt auf das Steinkohlekraftwerk der Steag, die hier Großes vorhat: Rund 800 Millionen Euro investiert Deutschlands fünftgrößter Stromproduzent gemeinsam mit einem österreichischen Partner in den Bau eines neuen Kraftwerksblocks und damit in das modernste Steinkohlekraftwerk auf deutschem Boden. **Ein Vorhaben, das neben einer wirtschaftlicheren und umweltfreundlicheren Stromerzeugung auch Arbeit schafft. In der etwa dreieinhalbjährigen Bauphase werden in Spitzenzeiten mehr als tausend Handwerker, Techniker und andere Experten für den Bau des neuen Blocks eingesetzt.** Nach der Inbetriebnahme werden rund 60 dauerhafte Arbeitsplätze bleiben, außerdem mehrere hundert im Umfeld gesichert oder neu geschaffen.

In unmittelbarer Nachbarschaft zu dem Projekt Zukunft hat die Vergangenheit ihr Zuhause: Die politisch gewollte Reduzierung des Steinkohlebergbaus führt zwangsläufig zu der Schließung von Zechen. Im Jahre 2008 wird es Walsum treffen. Doch so manch einer der hier beschäftigten Kumpel darf darauf hoffen, beim Nachbarn auch für sich eine Zukunft zu finden.

Es sind zwei traditionsreiche Unternehmen, die hier Tür an Tür leben: der Kraftwerksbauer Steag und der Kohleförderer Deutsche Steinkohle. Und natürlich verbinden sich bei dieser Nähe auch Lebensläufe. Der von Andreas Dennewitz, Projektleiter Technische Planung für den neuen Kraftwerksblock Walsum 10 bei der Steag. Und der von Karlheinz Soyke, Leiter der zentralen Steuerung des Kohleabbaus aller deutschen Steinkohlezechen. Beide haben ihre Karriere unter Tage begonnen. Beide repräsentieren heute eine Technik, die in der Welt führend ist. Aber während Dennewitz, 41, voller Energie an immer moderneren Kraftwerken baut, agiert Soyke, 42, im deutschen Steinkohlebergbau. Die deutsche Energiepolitik will es so. Ob die rückläufige Bedeutung der Kohle richtig ist?

Zwei Ingenieure, zwei Unternehmen, ein Konzern: RAG. Der Revier-Konzern schlechthin, mit Sitz in Essen direkt gegenüber vom Hauptbahnhof. Der größte Arbeitgeber im Revier, zu dem das größte produzierende Industrieunternehmen in Essen gehört und das größte Wohnungsbauunternehmen in Nordrhein-Westfalen. Mit 11 500 Plätzen einer der größten Ausbilder in Nordrhein-Westfalen und ganz Deutschland. 5600 junge Menschen für die eigenen Unternehmen, 3500 im Auftrag anderer Firmen und weitere 2500 in berufs-

EUROPAS SCHÖNSTE ECKEN.
MERIAN live! Barcelona
MERIAN live! Berlin
MERIAN live! Istanbul
MERIAN live! London
MERIAN live! Madrid
MERIAN live! Paris
MERIAN live! Prag
MERIAN live! Rom
MERIAN live! Stockholm
MERIAN live! Wien
ERIAN live! guide kompass scout map
Mit den aktuellen Städtereiseführern von MERIAN live! verbringt man unvergesslich romantische Tage in den erlebnisreichsten Metropolen Europas. Aber seien Sie gewarnt: Das kann süchtig machen! Die MERIAN live! Reiseführer: kompetente Autoren, nützliche Tipps, aktuelle Adressen, umfangreicher Kartenatlas. Überall, wo es Bücher gibt. Mehr Informationen unter WWW.MERIAN.DE
MERIAN live!
Die Lust am Reisen
HEUER & SACHSE

vorbereitenden Maßnahmen. Die RAG – ein Konzern, der fast idealtypisch die Metamorphosen, die Spannungen und Brüche deutscher Industriegeschichte der Nachkriegszeit repräsentiert.

**Die RAG – besser ihr Vorgänger: die Ruhrkohle AG – ist ein Kind der Kohlekrise. 1957 holten die Kumpel im Revier mit über 120 Millionen Tonnen Kohle noch Rekordmengen aus den Schächten, 1958 brach der Absatz zum ersten Mal ein.** In den 60er Jahren spitzten sich die Probleme zu, weniger Kohle wurde gebraucht, billigere Importkohle und günstigeres Erdöl verdrängten die heimische Produktion aus ihren angestammten Märkten. 1968 hatte die Situation die Politik zum Handeln gezwungen, das „Gesetz zur Anpassung und Gesundung des deutschen Steinkohlenbergbaus und der deutschen Steinkohlenbergbaugebiete", kurz Kohlegesetz, trat in Kraft. Es schuf die Basis für die Gründung der Ruhrkohle AG, und alle Bergbaugesellschaften im Ruhrpott brachten ihre Zechen in den neuen Konzern ein.

Die damalige Ruhrkohle AG aber engagierte sich immer mehr auch auf anderen Geschäftsfeldern, und so machte das Unternehmen 1995 zum ersten Mal in seiner Geschichte mehr als die Hälfte seines Umsatzes außerhalb des Bergbaus.

Der nächste große Einschnitt kam mit dem Amtsantritt von Vorstandschef Werner Müller, zuvor Wirtschaftsminister im ersten Kabinett von Gerhard Schröder. Als er am 1. Juni 2003 sein Büro bezog, waren die Aktivitäten der RAG in 19 Geschäftsfelder und 450 Beteiligungen zersplittert. Das erschwerte die Steuerung des Konzerns und führte zu Wertevernichtung. Notwendig war die klare Fokussierung auf Wachstumsfelder. Als Folge leiteten Werner Müller und sein Vorstand den größten Umbau in der Geschichte des Konzerns ein. In nur 18 Monaten trennte sich RAG von rund 280 Unternehmen mit einem Umsatz von etwa 4,8 Milliarden Euro und 22 000 Mitarbeitern. Geräuschlos und mit dem Ziel, den Konzern für den Gang an die Börse fit zu machen.

„Wir konzentrieren uns auf die Kerngeschäftsfelder mit Potenzial und starker Perspektive", verkündete der Chef. Das waren

- Energie. Seit Anfang 2005 sind alle Aktivitäten des Konzerns in diesem Bereich unter dem Dach der Tochter Steag gebündelt. Heute besitzt die neue Steag beste Voraussetzungen, als einer der großen Gewinner aus dem Wachstumsmarkt „Kraftwerksbau in Deutschland“ hervorzugehen.

• Immobilien. Mit knapp 70 000 Wohnungen gehört die RAG Immobilien zu den größten Immobilienunternehmen Deutschlands mit der geringsten Leerstandsquote am Markt. Sie ist zudem einer der größten Flächenentwickler.

• Chemie: Nach der Übernahme der Degussa ist RAG weltweit die Nummer eins in der Spezialchemie und das drittgrößte deutsche Chemieunternehmen. In nahezu allen Geschäftsfeldern besetzt Degussa die Plätze eins, zwei oder drei auf dem Weltmarkt.

Konzentration auf das Kerngeschäft – das klingt so einfach. Und war doch alles andere als das. Manch einer der derzeit rund 100 000 Beschäftigten im RAG-Konzern musste sich gründlich umstellen. „Es war schon hart, als wir erfuhren, dass die Steag keine Kraftwerksprojekte im außereuropäischen Ausland mehr betreibt“, erzählt Andreas Dennewitz.

Obwohl sie doch gerade auch bei diesen Projekten ihre Kompetenz geschult und erweitert und die Technologie-Führerschaft in der Welt behauptet hatte. „Aber nun nutzen wir die Chancen der Marktliberalisierung in der Europäischen Union und mischen bei der anstehenden Modernisierung des deutschen Kraftwerksparks kräftig mit.“

Szenenwechsel. Hans-Georg Kreul, Sprecher der RAG-Gesellschaft Goldschmidt, kann sich für die Vielfalt der Produkte und die Kreativität seiner Entwickler begeistern. Das Unternehmen produziert Inhaltsstoffe für Gesichtscremes und Bodylotions, Lacke und Farben. Spezialchemie nennt sich das im Fachjargon „und diese Spezialchemie“, sagt Werner Müller, „soll bei den Börsenanalysten für Kursfantasie sorgen.“ „Na ja“, sagt Hans-Georg Kreul, „für den Jupp an der Pumpe ändert sich ja nichts. Außerdem mögen wir die RAG. Das sind zupackende Menschen aus dem Ruhrgebiet wie wir.“

**»Wir konzentrieren uns auf die Kerngeschäftsfelder«**

Die Geschichte des Ruhrgebiets erzählen auch die ehemaligen Zechensiedlungen. RAG Immobilien kümmert sich auf klassische Weise darum, berichtet Heinz-Werner Buhren, Geschäftsführer der Tochtergesellschaft Wohnbau Westfalen. „Wir halten in Stand, modernisieren, legen kleine Wohnungen zu größeren zusammen, die sich besser vermieten lassen. Wir reißen auch ab und bauen neu, um die Struktur der alten Bergarbeitersiedlungen den heutigen Bedürfnissen junger Familien anzupassen. Wir schaffen nicht nur vermietbare Wohnungen, sondern lebenswerte Quartiere. Aber wir sind keine Samariter" – Buhren sagt es mit Nachdruck. „Mit dem Produkt Wohnen lässt sich gutes Geld verdienen – am ehesten langfristig."

**Der Bergbau könnte künftig zwar weiter von RAG gemanagt werden, aber rechtlich klar getrennt vom Konzern.** Bis 2008 ist die staatliche Unterstützung für den Bergbau vertraglich gesichert. Doch gegenwärtig erlebt der Bergbau eine Renaissance. Grund dafür ist die latente Versorgungsunsicherheit. So hat zum Beispiel der russisch-ukrainische Gaskonflikt dazu geführt, dass in Deutschland wieder über die Frage nachgedacht wird, auf welche Weise die Rohstoffversorgung nachhaltig gesichert werden kann.

Das hört Karlheinz Soyke gern. Aber er arbeitet unabhängig von allen Prognosen daran, dem Bergbau die technische Spitzenstellung in der Welt zu bewahren. Auf der Zeche Prosper in Bottrop, kurz hinter der Essener Stadtgrenze, hat er seinen Arbeitsplatz: „den Fluglotsenbetrieb des deutschen Bergbaus". Wenn in Walsum, Ibbenbüren oder Bottrop in 1000 Meter Tiefe ein Walzenlader ausfällt, ist das in Echtzeit auf dem Bildschirm des Online Support Centers, das Soyke leitet, zu sehen. Alle wichtigen Daten aller unter Tage eingesetzten High-Tech-Maschinen aller Bergwerke der Deutschen Steinkohle an Ruhr und Saar laufen hier zusammen – weltweit einmalig. Gerne erinnert sich Soyke, wie er bei einer Grubenfahrt mit den Vorständen von RAG, E.ON und RWE dem Chef der E.ON unter Tage die Homepage des Unternehmens aufrufen konnte. „Der hat Augen gemacht!" Seit 2003 arbeitet das System, und der Erfolg ist durchschlagend, berichtet der Ingenieur. „Wir haben die Effizienz um 30 bis 50 Prozent gesteigert, der Betrieb ist viel wirtschaftlicher und sicherer geworden."

Die Steigerung der Wirtschaftlichkeit ist auch Beleg dafür, dass die Deutsche Steinkohle alle Anstrengungen unternimmt, um ihren Beitrag zur zuverlässigen Energieversorgung zu leisten. „Ich bin optimistisch, dass wir in Deutschland noch sehr lange Steinkohlenbergbau betreiben werden", sagt Konzernchef Werner Müller, „denn der Bergbau ist für mich der strategische Gewinner der weltweiten Rohstoffkrise." □

## MERIAN | INFO Große Namen aus Essen – der Wirtschaftsstandort

**RWE AG** Ob Gas, ob Uran oder Kohle, RWE macht aus allem Energie: Im Geschäftsjahr 2004 verkaufte der Konzern 315 Mrd. Kilowattstunden und erwirtschaftete mit 98 000 Beschäftigten einen Umsatz von 42 Mrd. Euro.

**ThyssenKrupp AG** Stahl und Edelstahl, aber auch Aufzüge und Rolltreppen kommen aus dem Konzern, der zwar seit 1998 in Düsseldorf sitzt, aber immer noch ein Stück Essen ist. Der Konzern beschäftigt weltweit rund 184 000 Mitarbeiter und setzte 2004/2005 42 Mrd. Euro um.

**E.ON Ruhrgas AG** Sie kaufen Gas, lagern es und verkaufen es weiter. Hört sich einfach an, ist aber schwierig: Denn dazu muss E.ON über 11000 Kilometer Erdgasleitungen betreiben, 12 Untertagespeicher und 26 Verdichterstationen. Der Konzern setzt in Deutschland jährlich 641 Mrd. Kilowattstunden ab; 2500 Mitarbeiter, Umsatz 14 Mrd. Euro.

Hochtief bei der Arbeit: die Rettung Abu Simbels

**Karstadt-Quelle AG** Die Karstadt-Quelle AG ist Europas größter Warenhaus- und Versandhandelskonzern. Selbst wenn Sie Ihr Naturleinen bei Hess bestellen: Sie sind gleichwohl bei Karstadt.Sie entkommen Karstadt nicht einmal per Flugzeug: Thomas Cook gehört auch dazu. Umsatz 2004: 13,5 Mrd. Euro; 92 500 Mitarbeiter.

**Hochtief AG** Die Firma hat ihre Spuren auf der ganzen Welt hinterlassen. In Essen baute Hochtief 1929 bis 1931 die Zeche Zollverein Schacht XII. 1963 übernahm der Konzern die Federführung bei der Rettung der Felsentempel von Abu Simbel in Ägypten. Ansonsten plant, finanziert, baut und betreibt der Baudienstleister Projekte aller Art und Größe. 36 000 Mitarbeiter, Umsatz 12 Mrd. Euro (2004).

**Aldi Nord** Einst war da ein Laden von 35 m² in Essen, heute ein Weltkonzern. Einst galt Aldi als schmuddelig, heute werden der Firma ganze Kochbücher gewidmet. Eine Erfolgsstory zweier Brüder, die sich 1960 über Tabakwaren in die Haare gerieten. Seitdem gibt es Aldi Süd und in Essen Aldi Nord mit einem geschätzten Umsatz von 10 Mrd. Euro.

**Schenker AG** Schenker bringt alles und jedes von jedem Ort in jeden anderen – oder, wie der Fachmann sagt: Der führende Anbieter für integrierte Logistik im deutschen Markt erledigt die effiziente Organisation und Abwicklung von Warenströmen. 39 000 Mitarbeiter machten 2004 weltweit 8 Milliarden Euro Umsatz.

MERIAN
Die Lust am Reisen

PREMIUM SHOP

# Lassen Sie sich inspirieren!

In unserem Premium Shop bieten wir allen Lesern exklusive Highlights: Seltene MERIAN Ausgaben aus unserem Archiv und einzigartige MERIAN Sammlerstücke. Zusätzlich erhalten Sie ab einem Bestellwert von 25,00 Euro das „Best of MERIAN“ gratis dazu! Für Ihre Bestellungen verwenden Sie den Coupon auf Seite 123.

## MERIAN **FAMILY**

KULINARISCH UNTERWEGS

### Lustvoll reisen in Deutschland:
Navigation für Genießer

Die Reiseführernavigation ist die Evolution der Navigation, denn sie bietet Spaß und Genuss über die nützliche Routenführung hinaus. Die aktuelle Deutschland-CD von MERIAN *scout* verbindet wie gewohnt das Nützliche mit dem besonders Angenehmen. Ein Highlight für Genießer sind die redaktionellen Empfehlungen aus dem Magazin „Der Feinschmecker“. So enthält die druckfrische Navigations-CD „Deutschland 2006 DX Executive“ natürlich die Hotels und Restaurants, die auch im neuen Feinschmecker-Guide zu finden sind. Dazu kommen 250 Spitzen-Cafés sowie 400 Weinläden und Weinhandlungen, die ebenfalls von der Redaktion des Gourmet-Journals ausgewählt wurden. Campingfreunde wissen über 1.000 redaktionell ausgewählte Campingplätze mit den wichtigsten Informationen für Camper zu schätzen. Wer keines der begehrten Tickets für die Fußball-WM ergattern konnte, kann die Spiele gemeinsam mit anderen Fans in über 350 Sportbars verfolgen. In der Kategorie „Sehenswürdigkeiten“ sind die Nationalparks und Landesgartenschauen aufgenommen worden.

**Weitere Informationen unter www.merian.de, telefonisch unter 0180 532 53 35 (12 Cent pro Minute) oder bestellen Sie mit dem Kennwort: MERIAN *scout* Deutschland 2006 DX Executive**

EINZIGARTIG

### MERIAN *guide!* Deutsche Kulturschätze

MERIAN präsentiert eine einzigartige Verbindung von Kultur- und Reiseführer nicht nur für kulturinteressierte Reisende sondern auch für Einheimische, die die Schätze Ostdeutschlands entdecken möchten. Ausgangspunkt ist die Ausstellung „Nationalschätze aus Deutschland. Von Luther zum Bauhaus“. Daran beteiligt sind 23 Einrichtungen der neuen Bundesländer, die in der Ausstellung ihre weltberühmten und versteckten Schätze in überreichen Sammlungen aus Natur und Wissenschaft, Kunst und Kulturgeschichte präsentierten, die zum großen Teil zum UNESCO-Weltkulturerbe zählen. Beteiligte Museen und Einrichtungen in Mittel- und Ostdeutschland sind nach Bundesländern geordnet mit Städteporträts jeweils am Kapitelanfang oder -ende. Preis: 12,90 Euro.

**Kennwort: MERIAN *guide!* Deutsche Kulturschätze**

Nutzen Sie auch den bequemen **BESTELLSERVICE** unter Telefon **0 40/87 97 35 40** oder **www.merian.de/shop**

Im Museum Folkwang fotografierten Markus Klingenhäger und Daniel Müller

## Bildnachweis

Anordnung im Layout: o=oben, u=unten, r=rechts, l=links, m=Mitte.
Titel: Markus Klingenhäger/Daniel Müller; S. 3 ol Michael Müller, ml Benny Ulmer, mr M. Klingenhäger/D. Müller, ur M. Klingenhäger/D. Müller/Katrin Trautner; S. 4/5 o M. Klingenhäger, S. 4 mr Laura Hegewald, S. 5 or Anne Kathrin Schuhmann, ml Katrin Trautner, ur D. Müller; S. 6 or M. Klingenhäger/D. Müller, ol StA Essen, 952 Nr. S 13/11, m Jens Nober/Ruhrlandmuseum Essen, ur J. Schumacher/Das Fotoarchiv; S. 8 Jens Büttner/dpa, r von oben nach unten: KPA/picture alliance, Georg Schreiber, PR, WDR/Melanie Grande/dpa, Gado/ KPA/ picture alliance, ul Hans von Ooyen/Monika Ortmann; S. 9 or A. K. Schuhmann; S. 9 ml Stadtbildstelle Essen; S. 10/11 D. Müller; S. 12/13 M. Klingenhäger; S. 14 D. Müller; S. 15 K. Trautner; S. 16/17 D. Müller; S. 18 K. Trautner; S. 19 M. Klingenhäger; S. 20/21 M. Klingenhäger; S. 22 M. Klingenhäger; S. 23 M. Klingenhäger; S. 24 D. Müller; S. 28-33 M. Klingenhäger; S. 35 A. K. Schuhmann; S. 36 M. Klingenhäger S. 38-46 D. Müller; S. 48-49 Adrian Schmidt/RAG; S. 52-55 K. Trautner; S. 56/57 Berthold Steinhilber/Bilderberg; S. 58 K. Trautner; S. 59 Andri Pol; S. 61 K. Trautner; S. 62 Peter Wieler/Essen Marketing GmbH; S. 64 Cornelius Paas/ Das Fotoarchiv; S. 66-70 Laura Hegewald; S. 72 Horst Ossinger/dpa; S. 74/75 Illustration: Jutta Drewes; S. 76-81 K. Trautner; S. 82 Thomas Willemsen; S. 84 o D. Müller, u Erich Lessing/akg-images; S. 86 l ullstein-ADN-Bildarchiv, r ullstein bild; S. 87 l ullstein-dpa, r ullstein-Sven Simon; S. 88 Historisches Archiv Krupp; S. 90 StA Essen, 952 Nr. P3/152; S. 92-99 A. K. Schuhmann; S. 100-104 L. Hegewald; S. 107 Franz-Peter Tschauner/dpa; S. 108-113 A. K. Schuhmann; S. 114 M. Klingenhäger/D. Müller; S. 118 HOCHTIEF AG; S. 125 D. Müller; S. 126 o Manfred Vollmer/ Das Fotoarchiv, u Cornelius Paas/Das Fotoarchiv; S. 128 or M. Klingenhäger, ol M. Klingenhäger/D. Müller, ml M. Klingenhäger/D. Müller; S. 129 A. K. Schuhmann; S. 130-132 A. K. Schuhmann; S. 134 M. Klingenhäger; S. 136 A. K. Schuhmann; S. 138 o StA Essen, 951 Nr. 34; ml Peter Prengel/Stadtbildstelle Essen; S. 143/144 Planetobserver.com M-sat; S. 146 o Ruhrlandmuseum Essen, u Cinetext Bildarchiv


# MERIAN extra

Erstverkaufstag dieser Ausgabe ist der 15. 02. 2006
**MERIAN erscheint monatlich** im Jahreszeiten Verlag GmbH, Poßmoorweg 2, 22301 Hamburg
Tel. 040/27 17-2600, Fax 040/27 17-2628 **Anschrift der Redaktion:** Poßmoorweg 2, 22301 Hamburg
Postfach 130444, 20139 Hamburg, E-Mail: Redaktion@Merian.de, Tel. 040/27 17-0
**Website:** www.merian.de **Leserservice:** Postfach 601220, 22212 Hamburg
Tel. 040/87 97 35 40, Fax 040/27 17-20 79 **Syndication:** www.jalag-syndication.de
GourmetPictureGuide: Stefanie Lüken, Tel. 040/271 720 02, Fax 040/27 17 20 89, www.gourmetpictureguide.de

**Herausgeber:** Manfred Bissinger
**Chefredakteur:** Andreas Hallaschka
**Art Directorin:** Sabine Lehmann **Chef vom Dienst:** Tibor M. Ridegh
**Redakteure:** Kathrin Sander, Charlotte von Saurma, Roland Benn (freie Mitarbeit), Thorsten Kolle (freie Mitarbeit)
**Redakteur dieses Heftes:** Roland Benn **Schlussredaktion:** Tibor M. Ridegh, Jasmin Wolf (stv.)
**Layout dieses Heftes:** Elke Rohpeter (freie Mitarbeit), Dorothee Schweizer (stellv. Art Directorin), Ingrid Koltermann
**Bildredaktion:** Hanni Rapp, Eva M. Ohms, Lars Lindemann (freie Mitarbeit)
**Bildredakteure dieses Heftes:** Hanni Rapp, Lars Lindemann **Kartographie:** Peter Münch
**Dokumentation:** Jasmin Wolf, Sebastian Schulin (freie Mitarbeit) **Mitarbeit:** Helmut Golinger, Frauke Meyer, Annett Rensing
**Herstellung:** Karin Harder **Redaktionsassistenz:** Sabine Birnbach, Katrin Eggers
**Geschäftsführung Premium Magazine:** Peter Rensmann **Verlagsleitung Premium Magazine:** Oliver Voß
**Group Head Anzeigen Premium Magazine:** Roberto Sprengel **Anzeigenleitung:** Christel Janßen
**Anzeigenstruktur:** Patricia Hoffnauer **Marketing:** Kenny Machaczek, Ulrich Rieger, Sonja Wünkhaus
**Vertriebsleitung:** Jörg-Michael Westerkamp (Zeitschriftenhandel), Uwe Distelrath (Buchhandel)
**Verantwortlich für den redaktionellen Inhalt:** Andreas Hallaschka
**Verantwortlich für Anzeigen:** Roberto Sprengel

**Verlagsbüros Inland:**
Hamburg: Tel. 040/27 17-25 95, Fax -25 20, E-Mail: vb-hamburg@jalag.de
Berlin: Tel. 030/80 96 23-60, Fax -70, E-Mail: vb-berlin@jalag.de
Hannover: Tel. 0511/85 61 42-0, Fax -19, E-Mail: vb-hannover@jalag.de
Düsseldorf: Tel. 0211/901 90-0, Fax -19, E-Mail: vb-duesseldorf@jalag.de
Frankfurt: Tel. 069/97 06 11-0, Fax -44, E-Mail: vb-frankfurt@jalag.de
Stuttgart: Tel. 0711/966 66-520, Fax -22, E-Mail: vb-stuttgart@jalag.de
München: Tel. 089/99 73 89-30, Fax -44, E-Mail: vb-muenchen@jalag.de

**Repräsentanzen Ausland:**
Basel: Intermag AG, Tel. +4161/275 46-09, Fax -10, E-Mail: info@intermag.ch
London: The Powers Turner Group, Tel. +44 20/7630 99 66 Fax 76 30 99 22, E-Mail: cweiss@publicitas.com
Mailand: Media & Service International Srl, Tel. +39 02/48 00 61 93, Fax 48 19 32 74, E-Mail: info@it-mediaservice.com
Paris: International Magazine Company, Tel. +331/53 64 88 91, Fax 45 00 25 81, E-Mail: imc@international.fr
Madrid: Alcála Media International Media Representation, Tel. +34 91/326 91 06, Fax -07, E-Mail: alcalamedia@retemail.e
Wien: Publimedia Internationale Verlagsvertretungen GmbH, Tel. +43 1/21530, Fax 2121602,
E-Mail: ppn-vienna@publicitas.com
New York: The Russell Group Ltd., Tel. +12 12/213 11-55, Fax -60, E-Mail: info@russellgroupltd.com

Die Premium Magazin Gruppe im Jahreszeiten Verlag

A&W Architektur & Wohnen COUNTRY DER FEINSCHMECKER WEIN Gourmet MERIAN

Gültige Anzeigenpreisliste: Nr. 38



Preis im Abonnement im Inland monatlich 6,37 € inklusive Zustellung frei Haus. Der Bezugspreis enthält 7 % Mehrwertsteuer.
Auslandspreise auf Nachfrage. Postgirokonto Hamburg 132 58 42 01 (BLZ 200 100 20)
Commerzbank AG, Hamburg, Konto-Nr. 611657800 (BLZ 200 400 00)
Führen in Lesemappen nur mit Genehmigung des Verlages. Printed in Germany

Weitere Titel im Jahreszeiten Verlag: Für Sie, petra, vital, PRINZ, A&W Architektur & Wohnen,
COUNTRY, DER FEINSCHMECKER, WEINGourmet, schöner reisen, ZUHAUSE WOHNEN, selber machen
Litho: Alphabeta Druckformdienst GmbH, Hamburg. Druck und Verarbeitung: heckel GmbH, Nürnberg,
ISBN: 3-8342-0613-x, ISSN 0026-0029 MERIAN (USPS No. 011-458) is published monthly. The subscription price fo
the USA is $ 110 per annum. K.O.P.: German Language Publications, Inc., 153 South Dean Street, Englewood NJ 07631
Periodicals postage is paid at Englewood NJ 07631, and at additional mailing offices. Postmaster: send address changes t
MERIAN, German Language Publications, Inc. 153 South Dean Street, Englewood NJ 07631.

JAHRESZEITEN VERLAG

*Ein Unternehmen der*
GANSKE VERLAGSGRUPPE

# MERIAN
# REISE-SERVICE

Das wahre Ruhrgebiet: Wo der Fluss zum Baldeneysee wird, entsteht Hügelidyll

## MERIAN Top Ten

### Was Sie in Essen und Umgebung unbedingt sehen, erleben und unternehmen sollten

**1. Weltkulturerbe Zollverein** Zeche und Kokerei, im Bauhausstil errichtet, gelten als die schönsten der Welt. Kein Wunder, dass sich hier das „red dot design museum" niedergelassen hat, das Tanzzentrum pact zollverein, der Palast der Projekte und demnächst das Ruhrlandmuseum. (E3)

**2. Die Goldene Madonna** Ihre Augen sind rätselhaft und gedankenverloren. „Essen sein Schatz" ist die älteste vollplastische Marienfigur der Welt und residiert im Dom gleich an der Kettwiger Einkaufsstraße. (K2)

**3. Baldeneysee** Boot fahren in Werden, stranden am Seaside Beach Baldeney oder eine 15 Kilometer lange Runde skaten. Und zum Abschluss ein Bier im schönsten Garten von Essen mit Blick über den See: im Jagdhaus Schellenberg. (D/E5)

**4. Halde Schurenbach** Einer der mythischen Orte des Ruhrgebiets. Neben der „Bramme" von Richard Serra genießt man den Weitblick über eine Kulturlandschaft im Umbruch. (D2)

**5. Museum Folkwang** Gauguin und van Gogh, Cézanne und Beckmann, Dali und Warhol – wer sich für die Kunstgeschichte vom 19. Jahrhundert bis zur Gegenwart interessiert, wird einen Besuch genießen. (I 6)

**6. Philharmonie** Der traditionsreichste und schönste Konzertsaal von Essen, um ein klassisches Konzert zu erleben. Auch internationale Jazzstars gastieren im Saalbau. Hausmacht sind die Essener Philharmoniker, die 2003 als bestes deutsches Opernorchester ausgezeichnet wurden. (K5)

**7. Villa Hügel** Könige und Kaiser waren bei Krupps zu Gast im größten Einfamilienhaus des Ruhrgebiets. Der von Alfried Krupp selbst entworfene Bau – im Stil irgendwo zwischen Siegfried und Wilhelm II. – ist schon für sich eine Attraktion. Aber da gibt es ja noch die Ausstellungen. (D5)

**8. Margarethenhöhe** Musterbeispiel der deutschen Gartenstadt. Beginnt Am Brückenkopf und eröffnet stets neue Perspektiven in weinumranktem Idyll. Gastronomie ist rar, dennoch fällt die Entscheidung nicht leicht zwischen dem Gasthaus Margarethenhöhe am Kleinen Markt und dem Hülsmannshof am Lehnsgrund. (D4)

**9. Grugapark** Essens grüne Lunge ist viel mehr als nur ein Park: botanischer Garten, Freiflughalle, Wellness-Erlebnis. Und wer genug von Dahlien und Flamingos hat, soll sich in der Grugahalle ein Konzert anschauen – dem Rockpalast der Nation. (D5)

**10. Unperfekthaus** Ein Ort der Gespräche und Skurrilitäten. Dutzende Kreative geben Einblick in ihre Aktivitäten, von der Angezogenensauna bis zum spontanen Konzert ist alles möglich. Vor allem abends brummt es, dafür kann man tagsüber das ruhige Dachcafé genießen. (K2)

**Texte: Thomas Mader**
**Stand Dezember 2005**
Die Planquadrate beziehen sich auf die große MERIAN-Karte auf S. 139

MERIAN | HAUSBAU

# Für die Familie

## Die Villa Hügel ist die kuriose Schöpfung eines eigenwilligen Ingenieurs

So richtig toll war es dem kleinen Alfred nicht gegangen in dem kleinen Aufseherhaus. Vater Friedrich war an der Pleite vorbeigeschrammt und die Familie musste die Wohnung in der Stadt aufgeben und neben der Gussstahlfabrik hausen: drei kleine Räume, eine Küche, Schlafkammern unterm Dach. **1824** war das und zwei Jahre später war Vater tot, Mutter Therese übernahm das Geschäft und Alfred wuchs zum deutschen Superunternehmer heran. Im Lauf der Jahre reifte in ihm die Idee, seiner Dynastie einen würdigen Sitz zu geben. So entstand zwischen **1869** und **1874** hoch über der Ruhr das größte Einfamilienhaus des Ruhrgebiets. Alfred und Bertha Krupp gönnten sich und ihrem Sohn Friedrich Alfred 269 Räume mit insgesamt 8100 $m^2$, davon 103 Hauptwohnräume mit 4500 $m^2$. **Alfred Krupp** plante das Haus im Alleingang und nach industriellen Kriterien: eine tragende Eisenkonstruktion mit den neuesten technischen Errungenschaften, mit ausgetüftelter Belüftung und Heizung. Architekten, die künstlerische Ambition auch nur im Ansatz zeigten, wurden unverzüglich entfernt, neue eingestellt und wieder rausgeworfen. Was einerseits dazu führte, dass die Familie in kalter Zugluft hausen musste, bis die Anlage endlich und leidlich arbeitete. Andererseits führte das zu einem Durchbruch diverser ästhetischer Ansichten, die in Alfred Krupps Gedankenwelt trotz aller Sachlichkeit herumlagen. So erinnert sein Arbeitszimmer eher an einen kleinen Thronsaal und die große Halle auf dem Gebäude könnte auch als Kronsaal durchgehen.
Nach dem Zweiten Weltkrieg gewann die **Villa Hügel** Renommee als Ort hochkarätiger Kunstausstellungen. Im Kleinen Haus informieren zwei ständige Ausstellungen über die Geschichte des Unternehmens und der Familie Krupp sowie die Fördertätigkeit der Stiftung.
**(D 5) Bredeney, Hügel 15, Tel. 61 62 90**
**office@villahuegel.de, www.villahuegel.de**

**Einfamilienhaus über dem Baldeneysee: Villa Hügel**

**Kälte statt Koks: Eislauf in der Kokerei Zollverein**

## KIRCHEN

### (L 2) Alte Synagoge

Vor dem Ersten Weltkrieg fertiggestellt, galt die damals Neue Synagoge als schönste nördlich der Alpen. 1938 wurde sie in der Pogromnacht in Brand gesetzt, blieb jedoch äußerlich unversehrt, sogar während des folgenden Bombenkrieges. Die Renovierung in den sechziger Jahren brachte die totale Entkernung. Erst 1988 wurden die eindrucksvolle Kuppel und der Thoraschrein wiederhergestellt. Zwei Dauerausstellungen zeigen „Stationen jüdischen Lebens. Von der Emanzipation bis zur Gegenwart" und „Verfolgung und Widerstand in Essen 1933-1945".
**Innenstadt**
**Steeler Straße 29**
**Tel. 88-45 21 8**
**www.alte-synagoge.essen.de**
*Offene Führungen jeden 1. So und 3. Sa im Monat um 15 Uhr, Eintritt 2,50 €, erm. 1,50 €*

### (D 6) Basilika St. Ludgerus

Stimmungsvoller Monumentalbau der staufischen Romanik von 1257–77. In den Klostergebäuden hat die Folkwang-Schule für Musik, Theater und Tanz ihren Sitz. In der Schatzkammer kann man den Liudger-Kelch aus dem 9. Jh. bewundern.
**Brückstraße 54, Werden**
**Tel. 49 18 01 (Infos)**
**40 42 81 (Führungen)**
*Führung nach Anmeldung. Eintritt Schatzkammer: Erw. 2 €, erm. 1 €, Kinder unter 6 J. frei*

### (E 3) Nikolauskirche

Eine der wenigen Jugendstilkirchen in Deutschland. Vom Kölner Baumeister Carl Moritz um 1906/1907 errichtet, weist die Pfarrkirche am Fuße des Stoppenberges außen gotische Anklänge auf und beeindruckt innen durch ihre ungewöhnliche Deckengestaltung.
**Essen-Stoppenberg**
**Essener Straße 4**
**Tel. 89 91 60**

## MUSEEN

(E 3) **Deutsches Plakatmuseum**
Eine der größten Spezialsammlungen weltweit: Mehr als 340 000 Plakate aus Politik, Wirtschaft und Kultur von den Anfängen der Plakatkunst bis zum modernen Grafikdesign. Bekannte Künstler sind ebenso vertreten wie Dokumente der Alltagsgeschichte. Das Plakatmuseum ist erst Ende 2006 wieder geöffnet – nach seinem Umzug auf die Zeche Zollverein.
**Verwaltung:Triple Z**
**ZukunftsZentrumZollverein**
**Katernberger Str. 107, Tel. 884 51 08**
**www.museum-folkwang.de/wirdeu.htm**

(I 6) **Museum Folkwang**
Beeindruckend umfangreiche Sammlung der Kunstgeschichte vom 19. Jh. bis zur Gegenwart, speziell die deutsche und französische Malerei und Skulptur. Gauguin und van Gogh, Cézanne und Beckmann, Dalí und Warhol – kaum ein Name fehlt. Sehenswert: die exquisite Sammlung zur Geschichte der Fotografie (nur Do 11-13 und 14-17 Uhr). Siehe auch S. 32.
**Südviertel, Goethestraße 41**
**Tel. 884 53 14**
**Führungen: Tel. 884 53 01**
**www.museum-folkwang.de**
*Di-So 10-18 Uhr, Fr 10-24 Uhr*
*Eintritt 5 €, ermäßigt 3,50 €*
*Familien 10,50 €, Kinder unter 6 J. frei. Bei Sonderausstellungen abweichende Eintrittspreise*

(I 5/6) **Ruhrlandmuseum**
Die Industriegeschichte der Region mit ihrer Erdgeschichte zu verbinden ist das Besondere dieses natur- und kulturhistorischen Museums. Es beherbergt darüber hinaus eine Sammlung zu den klassischen, vorderasiatischen und ägyptischen Kulturen. Sehenswert: historische Hütten- und Schmiedevorführungen in der Außenstelle „Halbachhammer", einer fast 600 Jahre alten Hammerhütte (jeden 1. So von April bis Oktober, 14-17 Uhr).
**Südviertel, Goethestraße 41**
Ab Ende 2006 in der Kohlenwäsche der Zeche Zollverein.
**Tel. 884 52 00, www.ruhrlandmuseum.de**
*Di-So 10-18 Uhr, Fr bis 24 Uhr, Eintritt 5 €, erm. 3,50 €, Kinder unter 6 J. frei. Bei Sonderausstellungen andere Eintrittspreise.*

(E 3) **Red Dot Design Museum**
Auf einer Fläche von 4000 m² werden Exponate zeitgenössischen Designs ausgestellt. (S. Seite 60)
**Gelsenkirchener Straße 181**
**Tel. 30 10 40, www.red-dot.de**
*Di-Do 11-18, Fr, Sa, So, feiertags 11-20 Uhr Eintritt 5 € (6 € bei Sonderausstellung), erm. 3 €, Kinder unter 12 frei, Familien 15 €*

(I 3) **Markt- und Schaustellermuseum**
Karusselltiere und Drehorgeln aus der Zeit, als man noch Jahrmarkt sagte, Guckkästen aus dem 18. Jh. und ein Schaustellerwohnwagen im Original – die Sammlung von Erich Knocke ist eher Kuriositätenkabinett als Museum, die Sammlung wird aber vom Ruhrlandmuseum betreut.
Keine festen Öffnungszeiten, Interessierte können sich nach Anmeldung einer Gruppenführung anschließen.
**Innenstadt, Hachestraße 68**
**Tel. 884 52 00**
**www.schaustellermuseum.de**

## INDUSTRIEKULTUR

(D 2) **Halde Schurenbach**
Er wollte „den Moment festhalten, in dem eine Zivilisation stirbt und eine neue beginnt", sagte Richard Serra über seine „Bramme". Wie der Monolith in Kubricks „2001" wirkt der Block aus Rohstahl auf der Schurenbachhalde. Das IBA-Projekt ist zu einem der mythischen Orte der Ruhrstadt geworden.
**Altenessen-Nord**
**Emscherstraße/Nordsternstraße**

(E 3) **Zeche Zollverein**
Das Weltkulturerbe Zeche und Kokerei Zollverein ist ein lebendiges Kulturzentrum. Und irgendwo auf dem riesigen Gelände ist immer was los: Wechselausstellungen, Kino oder Konzerte. Das „Casino Zollverein" rundet das Erlebnis gastronomisch ab. (S. auch S. 60)
**Zeche Zollverein Schacht XII**
**Gelsenkirchener Straße 181**
**Tel. 830 36 36, www.zollverein.de**
*Führungen (mit Anmeldung): siehe die detaillierten Terminangaben auf Seite 60. Eintritt 7 €, erm. 5 €*

(D 4) **Margarethenhöhe**
Wie es sich dort lebt, steht auf Seite 76. Und so begeht man das Paradebeispiel einer deutschen Gartenstadt: Start Am Brückenkopf und hinauf die malerische Steile Straße. Zum Markt mit seinen blumengeschmückten Laubengängen und dem eindrucksvollsten Supermarkt von ganz Essen. Weiter geradeaus, am Lehnsgrund 14 a, lockt das Ausflugslokal „Hülsmannshof", und gleich dahinter im Tal ist die

MERIAN | KUNSTHANDWERK

# Freies Feuerspiel

## Keramik aus Essen: seit 80 Jahren weltbekannt

In der Welt berühmter als in Essen: Young-Jae Lee

Die Zwanziger waren auch für die **Margarethenhöhe** ein goldenes Jahrzehnt, der Ausbau ging voran und Wandplastiken über Haustüren und Torgiebeln wurden benötigt. Eine Künstlerkolonie mit Malern, Emailleur, Buchbinderin, Fotograf und Goldschmiedin fand sich zusammen. Ihr Initiator Hermann Kätelhön, zu seiner Zeit ein bekannter Grafiker, war auch ein Freund der Töpferkunst und baute ab **1924** die **Keramische Werkstatt** auf. Ihr Ziel: anspruchsvolle Formen, matte Glasuren. **1927** übernahm der **Bauhaus-Keramiker Johannes Leßmann** die Leitung. Eine sichere wirtschaftliche Basis bot die Stahlindustrie, die Werkstatt gehörte zu Krupp. Die Machtergreifung der Nazis setzte der Künstlergemeinschaft ein Ende, viele ihrer Mitglieder wie der Bildhauer **Will Lammert** flohen ins Exil. Die Keramikwerkstatt wurde **1933** nach **Katernberg** verlegt. In den fünfziger Jahren blühte die Töpferei im Essener Norden erneut auf, wenn auch eher als Handwerkskunst: Kundenwünsche nach Vasen, Krügen, Schalen, Wandtellern, Essgeschirr standen im Vordergrund. Weg von der Serienproduktion, hieß der Trend. Erdfarbene Glasuren und ein typisches Mattblau standen im Kontrast zum Kaufhauswirtschaftswunderprogramm. Das „freie Spiel des Feuers" sorgte für Nuancen, kaum ein Stück war wie das andere.

Zeitlos schön: die klare, klassische Brandware

Mittlerweile ist die Werkstatt Teil des RAG-Konzerns und arbeitet auf dem Gelände der Zeche Zollverein. Noch immer ist das „M" auch im Ausland als Gütezeichen bekannt. Mit **Young-Jae Lee** leitet seit **1987** eine international anerkannte Künstlerin die Werkstatt und führt sie zu neuen, klassischen Formen. Die Arbeiten der Koreanerin sind von der subtilen Tradition ihrer Heimat geprägt – ortlos, zeitlos, mit Perfektion gedreht.

(D 4) **Keramische Werkstatt Margaretenhöhe GmbH**
**Bullmannaue 19, Tel. 30 50 80**
**www.kwm1924.de** *Besichtigung nach Vereinbarung*

**Erstrahlt in neuem Glanz: der Saalbau der Philharmonie**

historische Schmiede Halbachhammer einen Besuch wert. Die historisch eingerichtete Musterwohnung findet sich an der Stensstraße 25 (geöffnet auf Anfrage: Tel. 884 52 00), aber die eigentliche Attraktion ist die idyllische Atmosphäre zwischen den abwechslungsreich gestalteten Bauten.
**Zugang von der Sommerburgstraße**

## KABARETT UND KONZERT

### (K 4) Aalto-Theater

Als Alvar Aalto seine geschwungenen Granitformen ins Grün des Stadtgartens setzte, wollte er eine humane Architektur jenseits steifer Theaterpracht verwirklichen. Die hochkarätigen Operndarbietungen und Ballettabende füllen die architektonische Vision des Finnen mit Musik.
**Südviertel, Opernplatz 10**
**Tel. 812 22 00**
**www.aalto-theater.de**

### (I 2) Colosseum-Theater

Auf „Aida" folgt das „Phantom der Oper". In dem als Musicalhalle bekannten Industriedenkmal finden aber auch Konzerte und andere Events statt.
**Altendorfer Straße 1**
**Westviertel, Tel. 240 20**
**www.colosseumtheater.de**

### (K 2) Das Kleine Theater

Bei einer fünf mal drei Meter kleinen Bühne und 42 Sitzplätzen ist der Zuschauer „mitten drin" und muss manchmal sogar mitspielen. Auf dem Spielplan stehen kleine Komödien, Schauspiele und Klassiker.
**Innenstadt, Gänsemarkt 42**
**Tel. 520 98 52, www.kleines-theater-essen.de** *Fr und Sa von Sept. bis Ende Mai*

### (K 5) Philharmonie Essen

2004, nach zweijähriger Umbauzeit, wurde der Saalbau der Essener Philharmonie wiedereröffnet. Klassik-, Klavier- und Orchestermusik bilden einen Schwerpunkt. Immer wieder Konzerte internationaler Jazz-Stars und Gastspiele von Orchestern wie den Londoner Symphonikern.
**Südviertel, Huyssenallee 53**
**Kartenverkauf: I. Hagen 26**
**Tel. 812 22 00, Fax 812 22 01**
**www.philharmonie-essen.de**

### (K 1) GOP-Varieté

Das GOP jongliert seit gut einem Jahrzehnt routiniert mit Magie, Akrobatik und Tellern. Denn natürlich darf auch diniert werden – im Comedy-Restaurant und im Theatersaal während der monatlich wechselnden, zweistündigen Show.
**Innenstadt, Rottstraße 30**
**Tel. 247 93 93, www.variete.de**
*Showtime (das Restaurant öffnet ca. 2 Stunden vorher): Di-Do 20, Fr 19 u. 22.30, Sa 18 und 21, So 15 und 19 Uhr*
*Eintritt: 17,50-34,50 €*

### (K 3) Grillo-Theater – Schauspiel Essen

Mit klassischen Dramen und modernen Klassikern macht das Schauspiel im Grillo-Theater Programm. Und immer findet auch der eine oder andere Gegenwartsautor in den Spielplan. Der neoklassizistische Bau von 1892 wurde im Krieg stark beschädigt und mit strengerer Anmutung wieder aufgebaut.

Stadtmitte, Theaterplatz
Tel. 812 22 00
www.schauspiel-essen.de

## Kinokultur

Die Lichtburg ist mit 1250 Sitzen Deutschlands wohl größter Filmpalast – und sicherlich der eleganteste.

(K 3) **Lichtburg**
Innenstadt, Kettwiger Str. 36
Tel. 23 10 23
Programm: Tel. 23 10 24
www.lichtburg-essen.de

### (K 2) Stratmanns Theater im Europahaus

Das Europahaus im Herzen der Stadt wurde lange nur halbherzig genutzt. Bis Dr. med. Ludger Stratmann kam und das ehemalige Rathaus gründlich entkalkte. Seit 1994 therapiert der Doc hier seine treue Patientengemeinde. Regelmäßig englischsprachiges Theater.
Innenstadt, Kennedyplatz 7
Tel. 820 40 60
www.stratmanns.de

### (E 4) Theater Freudenhaus im Grend

„Freunde der italienischen Oper" heißt das vielleicht bekannteste Stück von Sigi Domke: Der Gastarbeiter Rudolfo Zampini unterwandert im Woodstock-Jahr 1969 die Ruhrgebietsfamilie Kopleck mit seiner mediterranen Lebensart. Domkes fünfteiliger Theaterzyklus um die Koplecks soll im Kulturhauptstadtjahr 2010 die Geschichte des Strukturwandels erzählen.
Steele, Westfalenstraße 311
www.theater-freudenhaus.de
*Karten: Di, Do, Fr, 16 bis 19 Uhr: Tel. 851 32 30, Eintritt 13-17 €, erm. 2,50-5 €*

### (K 2) Unperfekthaus

Zig kreative Menschen, vom Maler bis zur Klang-Masseurin, vom Physiker bis zum Kreativkoch. Eintritt für sieben Euro (Tageskarte mit Verzehrgutschein oder Wochenkarte ohne Verzehrzwang; Näheres siehe S. 113).
Friedrich-Ebert-Straße 18
Tel. 84 73 50
www.unperfekthaus.de

### (D 2) Zeche Carl

Konzerte und Kabarett, Partys und Workshops, Lesungen und Ausstellungen: Die Anfang der 1970er Jahre geschlossene Schachtanlage Carl war eines der ersten soziokulturellen Zentren der Republik. Die Restaurantkneipe „Malakow" ist immer gut für ein Bier. Im Sommer auch draußen.
Wilhelm-Nieswandt-Allee 100
Tel. 834 44 17
www.zechecarl.de

**Kunst und Gesellschaft treffen sich im Foyer des Colosseum**

## MERIAN | TIPP Dreiklang an der Ruhr

**Ruhrtriennale**
Ein Kulturhighlight von internationalem Rang, eng verknüpft mit der Route der Industriekultur. Die Festivalproduktionen spüren den künstlerischen Möglichkeiten nach, die sich in ehemaligen Arbeitsstätten ergeben. 2008 geht's wieder los.
**Triennale-Center:**
**(L 3) Touristikzentrale Essen**
**Am Hauptbahnhof 2**
**Tel. 887 20 24, www.ruhrtriennale.de**

**Klavierfestival Ruhr**
Daniel Barenboim, Herbie Hancock, Helge Schneider – das weltweit größte Klavierereignis lockt nicht nur das Publikum in Massen, sondern auch die Weltklasse der Pianisten ins Ruhrgebiet.
**www.klavierfestival.de**

**Klassikfestival Ruhr**
Vom Frühling bis zum Winter bildet das Europäische Klassik Festival Ruhr eine große Klammer um alle klassischen Klasse-Konzerte im Revier – von Latin meets Classic bis zu den Meistern von Morgen.
**www.klassikfestival-ruhr.de**

## MERIAN | TIPP

**Ehrlicher Fußball**
Eine Heimat für alle, denen das eigene Wohnzimmer für ehrlichen Fußball zu durchgestylt ist: Hier ist alles grün: die Tische, die Sitzbank, der Fußboden, selbst die Klowand. Rasengrün und kickbar. Das Tipp-Kick-Zubehör gibt's an der Theke. Fortuna-Frikadelle, Hertha-Wurst und Beckhamburger sprechen für sich. Natürlich flimmert Fußball von den Wänden und dazwischen hängen Bilder aus der Zeit, als Fußballer sich noch was trauten.
„Ein Ort, an dem der Glaube und die Sehnsucht nach dem Mythos des ehrlichen Fußballs noch lebt", so beschreiben sich die Betreiber selbst. Das ist ein bisschen hoch gegriffen, aber wenn Samstag live Bundeliga läuft, ist das auch egal.
**(K7) 11 Freunde**
**Rüttenscheid, Kunigundastr. 27**
**Tel. 279 03 89**
**www.11freunde-diebar.de**

## RESTAURANTS

### EDEL

**(C 6) Ange d'Or Jr.**
World Food at ist's best. Crossover ist auch die Einrichtung mit amerikanischer Diner-Theke, Kerzen und Unmengen schräger Bilder. Aber der Ableger des Sterne-Restaurants Ange d'Or besticht vor allem durch seine inspirierte Küche.
**Kettwig, Ruhrtalstr. 326/328**
**Tel. (020 54) 23 07**
**www.ange-dor.de**
*Mi-So 18.30-1 Uhr, Küche bis 22.30 Uhr, 20-23 €*

**(K 3/4) La Grappa**
Seit mehr als zwei Jahrzehnten der Platzhirsch unter den Edelitalienern. Im etwas überladenen Ambiente wird mit überbordender Grandezza Carpaccio mit weißer Trüffelcreme serviert. Im Keller eine riesige Grappa-Sammlung.
**Südviertel, Rellinghauser Str. 4**
**Tel. 23 17 66**
**www.la-grappa.de**
*Mo-Fr 11.30-14.30, 17.30-23.30, Sa 17.30-23.30 Uhr, 18-35 €*

**(B 6/7) Schloss Hugenpoet**
Klassische französische Hochküche im romatischen Châteaux-Hotel bietet das Gourmetrestaurant „Nesselrode". Und natürlich eine voluminöse Weinkarte. Der günstigere Ableger: das „Hugenpöttchen" in der Remise. Küche von französisch bis regional, von leicht bis deftig. Am Wochenende Life-Musik.
**Kettwig, August-Thyssen-Str. 51**
**Tel. (020 54) 120 40**
**www.hugenpoet.de**
Nesselrode
*Do-Mo 18-22.30 Uhr, danach kleine Karte, 22-35 €*
Hugenpöttchen
*tägl. 12-24 Uhr, 15,50-19,50 €*

**(C 7) Résidence**
Eines der besten Restaurants im Ruhrgebiet. Klassiker: Krebse und Zander im Zucchinimantel auf Paprikaschaum. Häufig ausgebucht, Reservierung angeraten. Wer es lockerer und günstiger mag, geht ins ebenfalls exzellente „Püree" im selben Hotel.

**Edle Weine und Trester bis zum Abwinken: im La Grappa**

**Kettwig, Auf der Forst 1**
**(020 54) 955 90**
**www.hotel-residence.de**
Résidence
*Di-Sa 18.30-1 Uhr, Küche bis 21.30 Uhr, 33-37 €*
Püree
*Di-Fr 18.30-22 Uhr, 13-17 €*

### MODERAT

**(E 3) Casino Zollverein**
Auf dem Gelände des Weltkulturerbes in einer alten Kompressorhalle diniert es sich schick und international. Angesichts der hohen Qualität auch günstig.
**Gelsenkirchener Straße 181**
**Katernberg, Tel. 830 24-0**
**www.casino-zollverein.de**
*14.50-21 €, Tagesmenü, drei Gänge: 35 €*

**(D 4) La Cena**
Feiner Szene-Italiener, bei dem man gern Entenbrust in Balsamicosauce bestellt. Pizza und Pasta gibt's aber auch.
**Holsterhausen, Haumannplatz 32**
**Tel. 279 02 69**
**www.lacena-essen.de**
*Mo-Sa 12-15, 18-23 Uhr, 7-23 €*

**(L 5) Jagdhaus Schellenberg**
Schönster Bier- und Wintergarten Essens mit Wahnsinnsblick über den Baldeneysee. Hier wirkt das Fachwerk ganz modern und leicht, ebenso wie die erfinderische Küche: mediterran mit Hang zur Welt-Cuisine.
**Bredeney, Heisinger Str. 170 a**
**Tel. 43 78 70**
**www.jagdhaus-schellenberg.de**
*Di-So 12-1 Uhr, Küche bis 22.30 Uhr, 9-28 €*

### BEST PRICE

**(K 6) Ampütte**
Der krönende und sättigende Abschluss einer Kneipentour durch Rüttenscheid.
**Rüttenscheider Str. 42**
**Tel. 77 55 72** *18-4 Uhr*

**(E 4) Appelhannes**
Deutsche Küche mit mediterranem Touch. Immer auch saisonale Angebote und karibische Spezialitäten.
**Bergerhausen**
**Fünfkirchenblick 103**
**Tel. 502 44 08**
**www.appelhannes.com**
*Mo-Fr 12-open end, Sa, So 11-open end, 5-18 €*

**(D 4) Blumenhof im Grugapark**
Hell und luftig. Der Blumenhof ist Café und Kur-Bistro, Wellness- und Fitnessprogramme inklusive mit schwimmendem Biergarten, sogar mit Gradierwerk und Heubädern. Empfehlenswert: der Sonntagsbrunch.
**Rüttenscheid, Lührmannstr. 70**
**Tel. 856 10 50**
**www.blumenhof-essen.de**
*Sommer: 11-19 Uhr, Winter 11-18 Uhr, Biergarten 11-open end, Küche: Sommer: 11-19, Winter: 11-18 Uhr, 5-12 €*

(C 3) **Dampfe**
Urige Hausbrauerei mit Tradition in Borbeck. Zum frischen Dampfbier gibt's deftige Küche von Kartoffelsuppe bis Pfannkuchen mit Mettwurst.
**Heinrich-Brauns-Straße 15**
**Tel. 670 07-0, www.dampfe.de**
*So-Do 11-0 Uhr, Fr/Sa 11-1 Uhr*

(L 7) **Fabricca Italiana**
Mit 260 Plätzen riesig, aber nicht unpersönlich. Blickfang ist die offene Küche, in der gelegentlich auch asiatisch gekocht wird. Pluspunkt: Ein fabrikeigener Kinderspielraum.
**Rüttenscheid**
**Müller-Bresslau-Straße 28**
**Tel. 565 88 44**
*11.30-1, Fr, Sa 11.30-3, So 10-24 Uhr, Küche: 11.20-23, Fr, Sa-24, So 10-23 Uhr, 6-19 €*

(I 7) **Mörchens Eiscafé**
Mehr als 40 unglaublich cremige Eiskreationen von Ananas bis Zabaione.
**Rüttenscheider Straße 202**
**Tel 42 25 38**
**www.moerchenseis.de**
*10-22.30 Uhr*

(I 7) **Raum.Eins**
Die Küche des puristischen Raums lässt etwa Marcellino's-Tester in „Begeisterungsstürme" ausbrechen.
**Rüttenscheider Straße 154**
**Tel. 455 37 47**
**www.raumeins.de**
*Mo-Do 12-14.30, 18-22.30 Uhr, Fr 12-14.30, 18-23 Uhr, Sa, feiertags 18-23 Uhr, So geschl., 7-22 €*

(K 2) **Wohnraum im Unperfekthaus**
Mediterran bis indisch zum kleinen Preis. Viele Nischen, sehr aufgeschlossenes Publikum aller Altersklassen.
**Friedrich-Ebert-Straße 18**
**Tel. 847 35-0**
**www.unperfekthaus.de**
*10-23 Uhr, 5,50-8,50 €*

(K 6) **Zodiac**
Internationale vegetarische Küche mit zwölf Spezialitäten aus zwölf Ländern. Teilweise vegan und vollkorn.Sehr grün eingerichtet. Gleich nebenan: Der kleine Zodiac – Öko-Pizza im Zeichen des Wassermanns.
**Rüttenscheid, Witteringstr. 41/43**
**Tel. 77 12 12**
*Fr-Mi 18-24 Uhr, 8-16 €. Pizza: Mo-Sa 12-22, So 17-22 Uhr*

## SZENE

### CLUBS

(I 3) **Mudia Art**
Erotisches Flair mit GoGo-Tänzerinnen und sexy Pipapo. Siehe Seite 98.
**Frohnhauser Straße 75**
**Tel. 23 50 28**
**www.mudiaart.de**
*Sa/vor Feiertagen ab 22.30 Uhr*

(I 6) **Capri Bar**
Funkbreaks, Bigbeats, Soul und manchmal Reggae. Siehe Seite 98.
**Rüttenscheid, Alfred-Straße 43 (Karstadt-Passage)**
**www.capribar.com**
*Mi, Do 21-3, Fr, Sa 22-6 Uhr*

(K 7) **Ego Bar**
Der Klassiker im Herzen Rüttenscheids. Siehe Seite 99.
**Rüttenscheider Straße 143**
**Tel. 79 78 18**
**www.ego-bar.de**

(L 2) **Hotel Shanghai**
Hier trifft man die geballte Freak-Power des Reviers. Siehe Seite 98.
**Innenstadt, Steeler Straße 33**
**www.hotel-shanghai.de**

(K/L 3) **Salsoteca Viva Caribe**
Musik und Publikum: Überwiegend Latin und Black. Siehe Seite 99.
**1. Dellbrügge 5, Tel. 23 87 13**

### BARS/LOUNGES

(K 4) **Daktarie**
Vorzügliche Cocktails im Dschungelambiente. Siehe Seite 99.
**Südviertel, Juliusstraße 4**
**Tel. 269 85 95** *21-4 Uhr*

(L 5) **De Prins**
Falsche Elchköpfe an der roten Wand, strippende Barbies und feinste Fritten. Siehe Seite 98.
**Südviertel**
**Isenbergstraße 12-14**
**Tel. 77 55 78**
*Mo-Do 11-01, Fr u.Sa 11-03, So 16-01 Uhr*

(L 6) **Leon de Belge**
Etwa 30 Sorten Bier zwischen alten Werbetafeln und fliegenden Schweinen. Handfeste Gerichte zum Sattwerden.
**Südviertel**
**Rellinghauser Straße 140**
**Tel. 77 79 77**
**www.leon-de-belge.de**
*18-1 Uhr, Fr u. Sa 18-3 Uhr*

(K 7) **Lorenz**
Elegant oder snobby, urban oder kühl: Das Lorenz und sein zum Teil älteres Publikum sind sich einig, dass Stil und eine Küche zwischen Tapas und Trattoria einfach gut zusammenpassen. Das Lorenz hat auch Hotelzimmer (EZ 75-100 €/ DZ 85-120 €).
**Rüttenscheid**
**Rüttenscheider Straße 187**
**Tel. 799 46**
**www.lorenzessen.de**
*7-1 Uhr*

(K 2) **Maze**
Junges, hippes Publikum. Siehe Seite 99.
**Innenstadt, Viehofer Straße 60**
**Tel. 24 48-500**
**www.maze-lounge.de**

(K 7) **Mondrian**
Rüttenscheider way of life. Siehe Seite 99.
**Rüttenscheider Straße 113**
**Tel. 78 01 78**
**www.cafe-mondrian.de**
*Mo-Fr 9-23 Uhr, Sa 10-1 Uhr, So geschlossen*

(K 6) **Soul**
Wohnzimmeratmosphäre mit Musik. Siehe Seite 99.
**Südviertel, Kahrstraße 3**
**www.soul-barcafe.de**
*Mo-Do 18-1, Fr, Sa 18-3, So 10-1 Uhr*

MERIAN | BETT & BRÖTCHEN

# Schlafen unterm Turm

## Rund um Zeche Zollverein gibt es private Gästezimmer – und Familienanschluss

Zu Beginn ist die Idee einer privaten Zimmervermietung im hässlichen Norden belächelt worden. Nein, **Katernberg, Schonnebeck und Stoppenberg** hatten und haben zum Teil noch immer keinen guten Ruf. „Alles Klischees", hält Anne Brosk dagegen, die Leiterin der Zollverein Touristik. **1999** hat sie angefangen **Bett & Brötchen** im Schatten des Fördergerüsts zu vermitteln. Anfangs mit nur zwei privaten Vermietern. Viele Nachbarn der Zeche Zollverein zeigten damals grinsend den Vogel: „Wat'n Quatsch." Als Zollverein dann im **August 2001 Weltkulturerbe** wurde, wurden die ersten nachdenklich. Im Jahr **2004** konnte Brosk eine Verdopplung der Übernachtungszahlen gegenüber dem Vorjahr melden: 1800 Gäste bei über 30 Vermietern. Es gibt auch Apartments, aber die meisten schätzen das Private, Authentische. **Hannelore Guthardts** zum Beispiel vermietet Zimmer mit Frühstück- und Familienanschluss. Ihre Vorfahren waren allesamt Bergleute. „Mein Urgroßvater und mein Großvater gruben auf Zollverein nach Kohle." Und natürlich frühstückt sie immer mit ihren Gästen. Sie lacht: „Bisher hat das noch keiner abgelehnt."

Die Erfolgsgeschichte in dieser gebeutelten Region ist umso bemerkenswerter, da es sich bei Zollverein Touristik um eine Initiative von Bürgern für Bürger handelt, getragen vom **Verkehrsverein Kulturlandschaft Zollverein.** Die Bürger sollen für die Chancen des Tourismus sensibilisiert werden und der Verein will Anlaufstelle sein für alle, die sich an der Entwicklung ihres Stadtteil beteiligen möchten.

Mittlerweile ist der Verein im Winter für Kasse und Schlittschuhvermietung auf der Eisbahn der **Kokerei Zollverein** zuständig, er organisiert Fahrradführungen durch die Industrielandschaft, bietet Ruhrgebietsbüfetts an und vertreibt PottLappen, Kohlesäckchen und Grubenhandtücher.

(E 3) **Stoppenberg, Kokerei Zollverein Arendahls Wiese**
**Tel. 860 59 40, Fax 860 59 44**
**www.zollverein-touristik.de, info@zollverein-touristik.de**
*26-38 € pro Person inkl. Frühstück*

**Ideenschmiede für verwöhnte Gäste: Villa Vogelsang**

### LUXUS

(F 5) **Mintrops Land Hotel Burgaltendorf**
Die Angestellten heißen „Burggeister", aber mittelalterliche Atmosphäre wird man nicht finden, obwohl sich Designer Dirk Obliers von dieser Idee inspirieren ließ. Statt dessen wohnt man mit italienischen Möbeln, weißem Marmor und vier Sternen. Und wunderbar ruhig und grün.
**Burgaltendorf**
**Schwarzensteinweg 81**
**Tel. 57 17 10, Fax 571 71 47**
**info@hotel-mintro.de**
**www.hotel-mintrop.de** *54 Zi. EZ 85-120, DZ 112-162 €*

(K 4) **Sheraton Essen**
Hier steigen Politiker, Bundesligamannschaften und Rockbands ab. Weil es so zentral ist, weil der Stadtgarten direkt vor der Tür liegt, das Aalto-Theater, die Philharmonie, Rüttenscheid. Und weil man weiß, was man bekommt in einem 5-Sterne-Businesshotel im Kettenstil.
**Südviertel, Huyssenallee 55**
**Tel. 10 07-0, Fax 10 07-777**
**Essen.sales@sheraton.com**
**www.sheraton.com/Essen**
*193 Zi., EZ 115-370 €*
*DZ 135-400 €*

(C 7) **Hotel Résidence**
Die Jugendstilvilla im Ruhrtal zwischen Essen und Düsseldorf ist eine noble Adresse, die angeschlossenen Restaurants gelten als Gourmet-Tempel. Die frisch renovierten Zimmer glänzen im französischen Stil.

Kettwig, Auf der Forst 1
Tel. (020 54) 955 90
Fax (020 54) 825 01
info@hotel residence.de
www.hotel-residence.de
*18 Zi., EZ 99 €, DZ 125 €*

(B 6/7) **Hotel Schloss Hugenpoet**
Wohnen in einem Wasserschloss aus dem 17. Jh. Die 25 Zimmer und Suiten sind antik ausgestattet und mit schweren Vorhängen geschmückt. Schlosspark, Terrasse und Tennisplatz – fünf Sterne.
Kettwig, August-Thyssen-Straße 51
Tel. (020 54) 120 40
Fax (020 54) 12 04 50
info@hugenpoet.de
www.hugenpoet.de
*63 Zi., EZ 189-205 €, DZ 225-270 €*

(K 3) **Mövenpick**
Für ein knappes Jahr gastierte auch der junge Heinz Rühmann in diesem Traditionshaus. Seine Eltern waren 1913 die ersten Pächter des damaligen Handelshofes. Daran erinnert allerdings nicht viel im modern eingerichteten Mövenpick.
Am Hauptbahnhof 2
Tel. 17 08-0, Fax 17 08-173
hotel.essen@moevenpick.com
www.moevenpick-essen.com
*198 Zi., EZ 78-153 €*
*DZ 80-183 €*

(F 5) **Villa Vogelsang**
Eine Villa mit 2,5-Hektar-Park auf einem Felsen oberhalb der Ruhr. Reinhard Wiesemann pflegt hier nicht nur die Verbreitung von Open-Source-Software, sondern auch die offene Atmosphäre einer Familienpension und betreibt seine unkonventionellen Projekte, etwa das Unperfekthauses oder die Ideenschmiede Patentwerk. Das Hotel ist auf Linux-Seminare und Geschäftsreisende ausgerichtet, entsprechend gibt's DSL-Zugang und Steckdosen sogar im Park, der Weinklimaschrank wird über Linux gesteuert und die Musik kommt von der Festplatte. Die verglaste Sauna mit Blick ins Grüne, der Kinderspielplatz und der Strandkorb über der Ruhr – alles inklusive. Alle Zimmer sind mit Stereoanlage, Suiten mit Whirlpool ausgestattet. Nur die Software-Trainer kosten extra. Am Wochenende ist fast immer was frei – auch für Offliner.
Antonienallee 1
Tel. 853 66 00, Fax 853 66 05
www.villa-vogelsang.de
rezeption@villa-vogelsang.de
*9 Zimmer und Suiten, EZ zu 100, 125 und 160 €, DZ 30 € Aufpreis*

## INDUSTRIEKULTUR

(D 4) **Mintrops Stadt Hotel Margarethenhöhe**
Fantastisches Haus in der Vorzeigegartensiedlung Margarethenhöhe. Außen historisch, innen modern mit hellen Zimmern. Ein Denkmal im Denkmal: das Margarethenzimmer als Bankett- und Tagungsraum.
Steile Straße 46, Tel. 43 86-0
Fax 43 86-100
info@margarethenhoehe.com
www.margarethenhoehe.com
*30 Zimmer und Suiten, EZ ab 86 €, DZ ab 99 € (Messezeiten: 125/155 €)*

(D 5) **Parkhaus Hügel**
Ein Landhaus im Park, gleich unterhalb der Villa Hügel mit Blick auf den Baldeneysee. Betreiber sind die Imhoffs, die mit dem Catering für Familie Krupp angefangen haben. Großzügige und helle Zimmer.
Freiherr-vom-Stein-Straße 209
Tel. 47 10 91, Fax 44 42 07
imhoff@parkhaus-huegel
www.parkhaus-huegel.de
*13 Zi. EZ 80 €, DZ 115 €*

## BEST PRICE

(D 3) **Hotel Böll**
Architektur, die an ein amerikanisches Motel im Industriestil erinnert. Alle Zimmer haben Blick ins Grüne und sind behindertengerecht, die preiswerteren mit Etagendusche.
Altenessen-Süd, Altenessener Str. 311
Tel. 31 90 90 und 35 75 35
Fax 294 69 24
info@hotel-boell.de
www.hotel-boell.de
*41 Zi., EZ 34-85 €, DZ 75-105 €*

(K 7) **Hotel Rheinischer Hof**
Angenehmes Haus in einer ruhigen Seitenstraße. Freundliche Zimmer. Manchmal Spezialtarife außerhalb der Messezeit.
Rüttenscheid, Hedwigstraße 11
Tel. 78 10 74, Fax 79 78 67
www.rheinischer-hof-essen.de
*35 Zi., EZ 48 €, DZ 72 €*

(K 7) **Hotel Savoy**
Hübsche und saubere Zimmer zu günstigen Preisen. Hell geflieste Bäder in allen Räumen, einige auch mit Wasserbetten.
Rüttenscheid, Florastraße 15b
Tel. 42 48 40, Fax 42 02 21
Hotel.savoy@t-online.de
www.savoy-essen.de
*17 Zi., EZ 38-72 €, DZ 48-98 €*

Der Kern der Metropole: die Innenstadt mit Rathaus und Dom

## Westviertel

### Die Zukunft hat schon begonnen

Das ist noch gar kein Stadtteil, aber er wird einmal ganz groß. Nur ein kleiner Teil des riesigen ehemaligen Krupp-Geländes im Westen der Stadt ist bereits saniert. Ein industriezerfurchtes Gelände voller Gleise, Fundamente, Schwermetalle, dreimal so groß wie die Innenstadt gilt es noch zu entwickeln. Vom Krupp-Gürtel spricht man oder vom Projekt Westward: eine Riesenchance. Aber auch was seit Mitte der neunziger Jahre entstanden ist, kann sich schon sehen lassen: Das Colosseum Musicaltheater **(Altendorfer Str. 1)** war früher das Tor zum Werk, die Maschinenhalle der Firma Krupp. Daneben steht nun das Multplexkino Cinemaxx, dahinter ein weiterer Magnet: IKEA. Gegenüber hat sich das Mongo's (Altendorfer Straße 3a) etabliert. Eine gastronomische Erfolgsgeschichte, die selten ist in diesen Tagen. Mittlerweile wird auch in Düsseldorf, Köln oder München mongolisch gegrillt.
**Altendorfer Straße 3a**
**Tel. 109 59 86**
**www.mongos.de**
*17-24 Uhr, Fr, Sa 17-1 Uhr*
*Küche: 17-22.30, Fr, Sa 17-23.30 Uhr, 10,50-19,50 €*

### Altenessen-Nord

hat Typen hervorgebracht. Helmut Rahn lernte bei Altenessen 1912 das Fußballspielen und schoss das berühmteste Tor der deutschen Fußballgeschichte 1954 in Bern. Der Kabarettist Uwe Lyko dagegen ist zu Hause geblieben und hat in seiner Nachbarschaft genau beobachtet, wie der Pott tickt – wäre seine Figur Herbert Knebel ohne Altenessen denkbar?

### Borbeck

Es war einmal ein Bauer namens Bortbeki, der hatte im 10. Jh. einen Hof, der wuchs und wuchs und wuchs. Bis schließlich aus dem Häuschen ein wunderschönes Schloss wurde, umflossen von Wasser, umgeben von einem wohltuenden Park, mit einem stolzen Turm, in dem die Erben des Bauern 1662 sogar den Bürgermeister von Essen einsperrten. Heute stellt Borbeck selbst den Bürgermeister von Essen: Dr. Wolfgang Reiniger. Und das spätbarocke Wasserschloss Borbeck bietet Konzerte und Ausstellungen.
**Schloss Borbeck, Schloßstr. 101**
**45355 Essen, Tel. 884 42 19**
**www.schloss-borbeck.essen.de**

### Bredeney

Die Villa Hügel ist nicht das einzige stattliche Domizil in Bredeney. Hier wohnen vor allem die Betuchten und Begüterten, weil es so viel Wald gibt und der Baldeneysee so nah ist. Eine gute Aussicht hat man etwa vom Hügelpark, der schon für sich einen Ausflug wert ist, oder vom Jagdhaus Schellenberg (Heisinger Straße 170 a) mit dem schönsten Bier- und Wintergarten von Essen.

### Katernberg

Dem einstigen kohletraurigen Schmuddelviertel hat das Weltkulturerbe Zollverein zu neuem Glanz verholfen. Designstandort und Touristenziel ist Katernberg nun. Bed & Breakfast gibt es bereits und eine Aufwertung durch Hotels und junge Gastronomie steht bevor, aber das Alte ist noch immer lebendig. Man laufe durch die Meerbruch- oder die Pestalozzisiedlung und man wird sehen, worauf Zollverein gebaut ist.

### Kettwig

Das Gourmet-Mekka im tiefsten Süden. Das Résidence, das exquisite Schloss Hugenpoet und das Ange d'Or (Junior) zählen zu den besten Restaurants im Ruhrgebiet und darüber hinaus. Die eigentliche Attraktion ist aber die verwinkelte Altstadt: Fachwerkhäuser, Kopfsteinpflaster, die Ruhr. Idealer Ausgangspunkt auch für einen Ausflug in die Ruhrauen auf dem Leinpfad. Aber Vorsicht: Man kann eigentlich nur ins Fettnäpfchen treten, wenn man Kettwig als ältesten Stadtteil Essens bezeichnet, denn eigentlich ist Kettwig der jüngste Teil: eingemeindet im Jahr 1975. Das hat Wunden geschlagen. Zum Beispiel sieht man den Hochhäusern auf der Höhe an, dass sie ein verzweifelter Versuch waren, die Eingemeindung durch Erhöhung der Einwohnerzahl zu verhindern.

1 **Stadtkern**
2 Ostviertel
3 Nordviertel
4 Westviertel
5 **Südviertel**
6 Südostviertel
7 Altendorf
8 Frohnhausen
9 Holsterhausen
10 **Rüttenscheid**
11 Huttrop
12 **Rellinghausen**
13 Bergerhausen
14 Stadtwald
15 Fulerum
16 Schönebeck
17 Bedingrade
18 Frintrop
19 Dellwig
20 Gerschede
21 **Borbeck-Mitte**
22 Bochold
23 Bergeborbeck
24 **Altenessen-Nord**
25 Altenessen-Süd
26 **Bredeney**
27 Schuir
28 Haarzopf
29 Werden
30 Heidhausen
31 Heisingen
32 **Kupferdreh**
33 Byfang
34 Steele
35 Kray
36 Frillendorf
37 Schonnebeck
38 Stoppenberg
39 **Katernberg**
40 Karnap
41 **Margarethenhöhe**
42 Fischlaken
43 Überruhr-Hinsel
44 Überruhr-Holthausen
45 Freisenbruch
46 Horst
47 Leithe
48 Burgaltendorf
49 **Kettwig**
50 Vogelheim

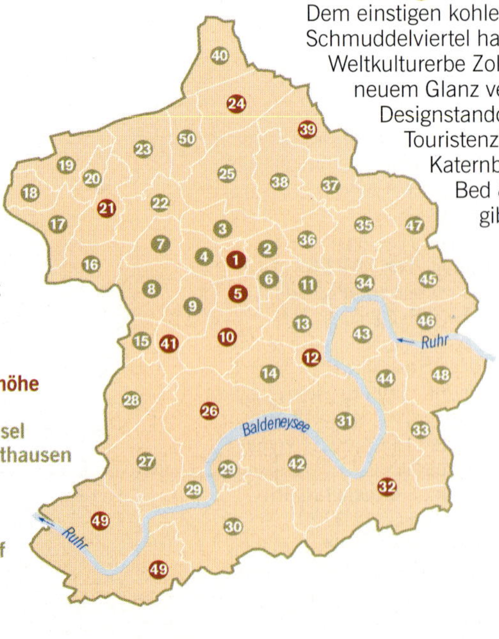

## Kupferdreh

Ein rätselhafter Ort: Die erste Silbe hat einen Schwanz, die zweite einen Schweif und die dritte ein Schwänzchen: Ku(h)-Pferd-Reh. Es gibt einige Gründe, diesen Ort zu besuchen: zum Beispiel den Baldeneysee mit dem wunderbaren Bahnhofsrestaurant „Lukas" an seinem Ufer (Prinz-Friedrich-Str. 1), Bachläufe in weiten Wäldern und immer neue Ausblicke aufs Ruhrtal. Ein acht Kilometer langer Wanderweg erschließt die Museumslandschaft Deilbachtal mit Kupferhammer, Eisenhammer, Deiler Mühle in Verbindung mit einem geologischen Aufschluss und dem Mineralienmuseum (Di-So 10-18 Uhr, Eintritt frei).

**Museumslandschaft Deilbachtal**
**Nierenhofer Straße 8-10**
**(Kupferhammer)**
**Kupferdreher Straße 141-143**
**(Mineralienmuseum)**
**Tel. 884 52 00**
**www.ruhrlandmuseum.de**

## Innenstadt

Wer aus dem Zug steigt, den begrüßt der Handelshof, der von den Eltern Heinz Rühmanns betrieben wurde, hier befindet sich auch die Touristikzentrale. Eine Broschüre zum Denkmalpfad in der City ist dort zu haben, vielleicht spaziert man aber auch einfach die Kettwiger Straße Richtung Porscheplatz hinunter, wo das größte Rathaus der Republik steht. Die Goldene Madonna ist sicher einen Abstecher wert, vielleicht entdeckt man zuvor das Glockenspiel Deiter in der Nähe der Lichtburg. Gastrotipp: Auch zu später Stunde sind Temple Bar und das mexikanische Tacos, Am Salzmarkt, noch eine gute Adresse.

## Margarethenhöhe

Ein Stadtteil oder ein eher ein Dorf? Ein ausführliches Porträt der wichtigsten deutschen Gartenstadt finden Sie auf S. 76.

## Rellinghausen

Kopfsteinpflaster, Fachwerkhäuser, die ältesten Kneipen weit und breit – das ist der Rellinghauser Ortskern. Der Gerichtsturm an der Oberstraße wurde aufwändig saniert und dient heute als Ausstellungsraum. Südöstlich davon steht auf einem Bergrücken Schloss Schellenberg, eine Wasserburg von 1452. Die Straße Renteilichtung führt bergaufwärts weiter in Richtung Korte-Klippe, einem Punkt von dem aus man den gesamten Baldeneysee überblicken kann, und schließlich zur Neuen Isenburg, einer Ruine aus dem 13. Jahrhundert – ebenfalls mit tollem Ausblick.

## Rüttenscheid

Manche halten Rüttenscheid ja für die wahre Innenstadt, tatsächlich handelt es sich einfach um Arbeitsteilung: Rüttenscheid repräsentiert. Etwa bei der Messe, der Großen Ruhrländischen Gartenschau – kurz: Gruga – und dem gleichnamigen „Rockpalast" der Nation: in der Grugahalle. Und weil Rüttenscheid damit noch nicht ausgelastet ist, übernimmt es noch die Spätschicht. Die Highlights beschreiben hieße, dem Szene- und Gastro-Teil vorzugreifen. Bleiben wir also bei den Essener Raritäten, die man auf und um die „Rü" findet: Altbauten und Sushi (Miga, Rü 54) und, ja, sogar Voodoo – in der nach eigenem Bekunden größten Privatsammlung der Welt („Soul of Afrika").

**Soul of Africa–Museum**
**Rüttenscheider Straße 36**
**Tel. 78 24 48**
**info@africa-photo.com**
**www.africa-photo.com/museum/index.htm**
*5 €, Öffnung nach Vereinbarung und für Gruppen ab 5 Pers.*

## Südviertel

Die kleine hippere Schwester von Rüttenscheid. Auf dem Stadtplan schmückt sie sich mit Konzernzentralen und Kulturbauten. RWE und RAG sitzen im Südviertel, die WAZ, Hochtief und Siemens, der RVR und das Museum Folkwang. Aber dann ist da noch der sieben Hektar große Stadtgarten zwischen Aalto-Theater, Philharmonie und Boule-Ecke, in dem im Sommer Frisbee, Gitarre und Grill Atmosphäre machen. Im Südviertel, nicht in Rüttenscheid, reihen sich die meisten Kultkneipen; der Isenbergplatz (Isenberg-/Rellinghauser Str.), ist das heimliche Zentrum der alternativen Szene. So heimlich, dass der Platz nicht mal im Stadtplan verzeichnet ist.

## Werden

Bötchen fahren auf dem Baldeneysee, ein Blick in die Basilika St. Ludgerus und bummeln durch die hübsche Altstadt mit ihren Boutiquen, Galerien und Goldschmieden. Über die Brücke gelangt man aus der Altstadt zur Brehminsel, die sozusagen der Stadtpark von Werden ist. Kirchengeschichtlich hat Werden mit der Luciuskirche (Heckstraße, erbaut 995-1065) eine Besonderheit zu bieten. Es handelt sich um die älteste Pfarrkirche diesseits der Alpen.

**Ernste Verspieltheit: das Hundertwasserhaus im Grugapark**

## Alpenessen

Der Deutsche Alpenverein hat sich die Berge einfach nach Altenessen geholt. Im Kletterpütt der Zeche Helene ist Schornsteinklettern bis 14 Meter in der ehemaligen Lohnhalle das Höchste. Ebenfalls in Industriegemäuern trumpft eine der größten Boulderhallen Deutschlands mit 500 m² Kraxelfläche auf. Geklettert wird bei Citymonkey in Haarzopf ohne Seile, aber in Absprunghöhe – und Weichbodenmatten haben noch jeden Fall gedämpft. Alle Schwierigkeitsgrade, spezielle Bereiche für Kinder. Günstiges Café mit Indien-Touch zum „Abhängen".

(D 3) Kletterpütt in der Zeche Helene
**Altenessen, Twentmannstraße 125**
**Tel. 38 15 62, www.kletterpuett.de**
*Mo-So 10-23 Uhr. Kinder, Studenten, Erw. 5/8/9 €, Wochenende: 6/9/10 €. (Ausrüstung: 4,50 €)*

(C 5) Citymonkey
**Haarzopf, Auf'm Bögel 6**
**Tel. 749 30 81**
**info@citymonkey.de**
**www.citymonkey.de**
*Mo-So 10-22 Uhr, Schüler 3-5 € / Studenten 5-6,50 € / Erw. 6-7,50 € (Schuhe 2,50 €)*

## (D/E 5) Baldeneysee

1931 als gigantische Arbeitsbeschaffungsmaßnahme ins Ruhrtal gehackt, heute ein Paradies für Sportler. Die 14,7 km lange Runde um den Baldeneysee ist die beste Inline-Skate-Strecke in Essen und natürlich auch mit Turnschuhen oder Rad zu bewältigen. Und wem auch Segeln, Surfen und Bötchen-Fahren zu aktiv erscheint, der entspannt sich vielleicht bei einer Schleusenfahrt mit der Weißen Flotte Richtung Mülheim. Das Ruhrlandmuseum unterhält einen geologischen Wanderweg.

Weisse Flotte Baldeney GmbH
**Hardenbergufer 379**

Tel. 840 43 60, Fax 40 51 83
info@flotte-essen.de
www.flotte-essen.de
www.baldeney-see.de

(D 5) **Grugapark**
In der 70 ha „Großen Ruhrländischen Gartenbau-Ausstellung“ gibt es zwischen großen und kleinen Rasenflächen viele lauschige Ecken. Neben dem japanischen Garten, dem Rhododendrontal und Themengärten z. B. für Rosen, Stauden und Dahlien sind auch die Glaspyramiden-Pflanzenschauhäuser sehens- und riechenswert. Bonsais sind hier ebenso zu finden wie ihre tierischen Äquivalente, die Ponys. 50 Cent kostet die Runde auf dem Ponyhof. Und im Tierhof warten Somali- und Kamerunschafe, Hühner und kleine Streicheltiere auf Kinder. Die Freiflughalle bietet auf 3800 qm Nischen für Ibisse, Flamingos und Kuhreiher, in anderen Volieren sind Weißkopfseeadler, Schneeeulen und Papageien zu sehen. Im Sommer gibt's samstags und sonntags Nachmittagskonzerte im Musikgarten. Ein Architektur-Highlight ist das verspielte Hundertwasser-Haus, wo Angehörige von Kindern wohnen, die in der Uniklinik behandelt werden.
Rüttenscheid, Norbertstraße 2
Külshammerweg 32
Virchowstraße 167a
Tel. 88 83 10-6/-4
(Infozentrum Orangerie) oder
888 32 15 (Ponyhof)
www.grugapark.de
*Park: tägl. 9 Uhr bis zur Dunkelheit. Ponyhof: Di-So 14-18 Uhr (Ausnahmen bei schlechtem Wetter und im Winter).*
*Erw.: 2,50 €, erm.: 1,50 €*
*Kinder (6-14 Jahre): 1 €*
*Familien 5 €*

(D 3) **Rot-Weiß Essen**
Ist das aktiv, sich ein Fußballspiel anzuschauen? Aber ja, das Georg-Melches-Stadion ist ja nicht totalbestuhlt. Und wetten, dass man von der ganzen Bewegung Hunger auf eine Currywurst bekommt?
Bergeborbeck
Georg-Melches-Stadion
Hafenstraße 97, Ticket-Hotline:
018 05/ 57 00 63 (12 ct/min.)
www.rot-weiss-essen.de

(D 5) **Seaside Beach Baldeney**
Kaum war der 250 Meter lange Sandstrand am Ufer des Baldeneysees aufgeschüttet und bepalmt, schon strandete dort die Santa Cruz – ein Segelboot als Cocktaillounge. Für Aktive bietet der Seaside Beach: eine Windsurfschule, fünf Beach-Volley-ball- oder Badminton-Courts, eine Fußballwiese oder einfach: Minigolf. Für noch zu Aktivierende: Thaimassagen und drei Tiki-Bars.
Bredeney
Freiherr-vom-Stein-Str. 384
info@seaside-beach-baldeney.de
www.seaside-beach-baldeney.de
*Eintritt: 2 €, ermäßigt: 1,30 €*
*Kinder bis 12 Jahre: 1 €*
*bis 6 Jahre: frei, Familien: 5 €*

## MIT KINDERN UNTERWEGS

(E 3) **Erfahrungsfeld**
Rund 60 Versuchsstationen fordern und fördern Auge und Ohr, Nase, Tast- und Gleichgewichtssinn – nur die Zunge geht leer aus. Das von Hugo Kükelhaus entwickelte Weltausstellungsprojekt von 1967 hat unterm Fördergerüst eine Bleibe gefunden.
Katernberg
Am Handwerkerpark 8-10
Tel. 30 10 30
www.erfahrungsfeld.de
*Mo-Fr 9-18 Uhr, So 11-18 Uhr*
*Sa geschl., Gruppen werden um Anmeldung gebeten*
*Kinder 3 €/Erw. 7 €*

(E 3) **Familienschicht auf Zollverein**
Ein spielerischer Rundgang über die Zeche Zollverein: In der Kinderkaue gibt's Bergmannskluft in Minigröße und auch die Kohlensuche verspricht Spannung.
Stiftung Zollverein
Katernberg
Gelsenkirchener Straße 181
Tel. 830 36 36
Fax 830 36 20
www.stiftung-zollverein.de
*Immer So 11 Uhr*
*Anmeldung erbeten*
*Kinder 5 €, Erw. 7 €*

MERIAN | STADT DER FRAUEN

# Mächtige Nonnen

## Essen versteckt gern seine weibliche Seite, dabei wurde es lange von Frauen beherrscht

Essen war Kanonenstadt, ein durch und durch männliches Attribut, aber genausogut könnte man Essen auch die Stadt der Frauen nennen. Genauer: der ziemlich selbstbewussten Äbtissinnen des **Stifts Essen.** Knapp 1000 Jahre herrschten sie über die Stadt, davon lagen sie 400 Jahre lang mit der Bürgerschaft im Dauerzoff. Die adligen Damen gaben Essen auch den Namen, der sich vom Gut Asnidhi ableitet, wo **Altfrid,** später Bischof von Hildesheim, um **845** ein Stift für Frauen aus dem Hochadel gründete. Die Äbtissinnen hatten hervorragende Verbindungen zum Kaiserhaus und konnten eine stattliche Kirchenkunstsammlung aufbauen. Kernstück war und ist noch immer: natürlich eine Frau – die **Goldene Madonna.** Es ist zwar nicht belegt, dass die um das Stift siedelnden Schmiede aus umstürzlerischen Phantasien heraus im **15. Jh.** mit dem Büchsenmachen begannen. Aber schon hundert Jahre zuvor hatten sie im Streit mit der Fürstäbtissin bei **Kaiser Karl IV.** die Anerkennung als Reichsstadt durchgesetzt – ungeachtet der Tatsache, dass Karl kurz vorher dem Stift alle Rechte über die Stadt bestätigt hatte. Der Streit um hoheitliche Rechte setzte sich fort, während die Büchsenmacher zum wichtigsten Wirtschaftszweig aufstiegen. **1561** führte der Stadtrat die **Reformation** ein, worauf ein Rechtsstreit um die Herrschaft Essens begann, der faktisch erst nach 241 Jahren entschieden wurde. Unterbrochen wurde er vom **Dreißigjährigen Krieg,** von dem Essen mit Jahresproduktionen von bis zu 15 000 Gewehren und Pistolen zunächst stark profitierte. Die Essener belieferten alle Parteien und bekamen auch die Quittung: Bei Kriegsende war die Hälfte aller Häuser zerstört. Der Streit mit den Äbtissinnen ging indes weiter: **Anna Salome von Salm-Reifferscheidt** ließ **1662** die Stadt von den Bauern und Landsassen ihrer Stiftsgüter besetzen, weil mit dem Bau einer kalvinistischen Kirche begonnen worden war. Die kuriose Situation doppelter Herrschaft endete erst **1802,** als die **Preußen** kamen: Das Stift wurde säkularisiert.
Die Geschichte mit den Kriegsgewinnen und der Zerstörung wiederholte sich auf schreckliche Art im **Zweiten Weltkrieg.** Aber als Essen die Flinte an den Nagel hängte, schien es sich auch mit den Frauen versöhnt zu haben. **1989** wählte die Stadt eine Oberbürgermeisterin.

**Sehr weiblich: Annette Jäger, Oberbürgermeisterin**

**Sehr männlich: als man noch mit aufgerichteter Waffe grüßte**

799 Der Bischof von Münster, Liudger, gründet in Werden ein Benediktinerkloster.
946-967 Zerstörung des Essener Münsters durch Brand. Wiederaufbau auf den Grundmauern, noch heute das Fundament der Domkirche.
1041 König Heinrich III. bestätigt das Marktrecht.
1231 Der Abt von Werden und die Äbtissin von Essen werden Reichsfürsten.
1317 Erste Erwähnung von Kohle in Essen.
1377 Essens Bürgerschaft gewinnt die Reichsunmittelbarkeit.
um 1470 Anfänge der Büchsenmacherei in Essen.
1561 Der Rat der Stadt führt deutschen Kirchengesang in der Marktkirche und damit die Reformation ein.
1620 Rekordjahr für die Essener Schmiede: Sie exportieren 15 000 Musketen, Läufe, Pistolen und Karabinergewehrhaken.
1738 Essens erste Zeitung, „Neueste Essendische Nachrichten von Staats- und Gelehrten Sachen", erscheint.
1802 Ende der fast tausendjährigen Herrschaft der Äbtissinnen.
1809 Franz Dinnendahl baut die ersten Dampfmaschinen im Ruhrgebiet.
1826 Der 14-jährige Alfred Krupp erbt die Gussstahlfabrik seines Vaters.
1851 Alfred Krupp entwickelt seine wohl bedeutendste Erfindung: nahtlose, bruchsichere Radreifen für die Eisenbahn.
1870-73 Krupp baut sich die Villa Hügel.
1892 Friedrich Grillo schenkt Essen ein Stadttheater.
1896 Essen wird mit 100 000 Einwohnern Großstadt.
1904 Der Saalbau wird mit einem Musikfest eröffnet, bei dem Richard Strauss dirigiert.
1906 Margarethe Krupp stiftet die Margarethenhöhe.
1913 Bau der Synagoge, einer der größten in Deutschland.
1922 Aus dem Nachlass von Karl Ernst Osthaus und Beständen des Kunstmuseums entsteht das Museum Folkwang.
1927 Die spätere Folkwang-Hochschule nimmt ihren Lehrbetrieb auf.
1929 Acht Ortschaften, darunter Werden, Steele und Katernberg, werden eingemeindet.
1931-33 10 000 Arbeitslose bauen den Baldeneysee zur Reinhaltung der Ruhr.
1932 Schacht XII der Zeche Zollverein arbeitet.
1938 Vom 9. auf den 10. November brandschatzen NSDAP-Anhänger die Essener und Steeler Synagogen und verschleppen hunderte Juden.
1939-45 Bei 272 Luftangriffen wird die Innenstadt zu 90 Prozent, das übrige Stadtgebiet zu 60 Prozent zerstört.
1958-73 Bergbaukrise: 22 von 23 Zechen stellen den Betrieb ein und werden größtenteils abgerissen. Nur auf Zollverein wird noch Kohle gefördert.
1972 Essen bekommt eine Universität.
1979 Das neue Rathaus, mit 106 Metern das höchste in Deutschland, wird seiner Bestimmung übergeben.
1986 Die Zeche Zollverein wird stillgelegt und unter Denkmalschutz gestellt.
1988 Das nach Plänen des Finnen Alvar Aalto erbaute Opernhaus wird eröffnet.
1996 Das Torhaus zum Krupp-Gelände wird zum Colosseum-Musicalpalast umgebaut.
1997 Der RWE-Turm erweitert die Essener Skyline.
2001 Zollverein wird Unesco-Weltkulturerbe.

A
B
C
D
E
Arnhem
Königs-hardt
Bottrop
Kr. Bottrop
GLA-Ellingh.
Essen/Gladbeck
Kamen, Bielefeld
GE-B
Beckhausen
Kr. Oberhausen
OB-Königshardt
Eigen
Brauck
Horst
Alsfeld
Fuhlen-brock
BOTTROP
Boy
Sterkrade
OB-Sterkrade
Batenbrock
Welheim
Schwarze Heide
Oberh.-Holten
Busch-hausen
Osterfeld
Bottrop Hbf.
Karnap
Rhein-Herne-Kanal
GE-Schalke
Heßler
OB-Eisenheim
Vonderort
Halde Schurenbach
GE-Heßler
E34
E35
Bottrop-Süd
Emscherschnellweg
Ebel
E-Altenessen
OB-Zentrum
OB-Neue Mitte
Kr. Essen-Nord
Altenessen-Nord
OB-Buschhsn.
Berge-borbeck
Vogel-heim
Zeche Carl
Katernberg
r. OB-W.
Neue Mitte
Dellwig
Georg-Melches Stadion
Altenessen-Süd
Gerschede
Zeche Zollverein
Schonne-beck
B-Lirich
Alt-Ober-hausen
Frintrop
Zeche Helene
Stoppenberg
Oberhausen Hbf.
Bochold
OBERHAUSEN
ESSEN
Nikolauskirche
Alstaden
Dümpten
Borbeck
Schloss Borbeck
Frillendorf
Universität Essen
s. Stadtplan
MH-Styrum
MH-Dümpten
Schöne-beck
Altendorf
Kray
Essen Hbf.
E-Huttrop
Mülheim a. d. Ruhr
Styrum
MH-Winkhsn.
E-Frillendorf
Dr. Essen-Ost
E-Holsterhsn.
E-Zentrum
Grüne Flotte
Heißen
Holster-hausen
Huttrop
Kulturzentru
Speldorf
Eppinghofen
E-Frohnhsn.
E-Bergerhsn.
MH-Heißen
MH-Heimaterde
Margarethen-höhe
Berger-hausen
Schifffahrtslinie „Weiße Flotte"
Fulerum
E-Süd
MÜLHEIM a. d. Ruhr
Gruga-park
Relling-hausen
Broich
Haar-zopf
E-Rütten-scheid
Schloss Schellenberg
City-monkey
Holthausen
Ruine Isenburg
Stadtwald
Saarn
E-Haarzopf
Villa Hügel
Schloss Baldeney
Jagdhaus Schellenberg
uisburger
tadtwald
Kloster Saarn
Flughafen Essen-Mühlheim
Baldeney
Korte-Klippe
Bredeney
Seaside Beach Baldeney
Baldeneysee
Menden
E-Kettwig
Werden
Heisingen
Brehminsel
Geologischer Wanderweg
Ickten
Luciuskirche
Schuir
Hespertalbahn Museumsbahn
Basilika St. Ludgerus
Kettwiger Stadt-wald
Mintard
Heid-hausen
Ruhr
Selbeck
Hamm
Schloss Hugenpoet
Kettwig
Résidence
Breitscheid
Laupendahl
Kr. Breitscheid
Dr. Velbert-Nord
Breitscheid
Dr. Breitscheid
Velbert-Nord
Velbert
Lintorf
0
3 km
Rastanlage „Hösel"
Isen-bügel
Heiligen-haus
Düsseldorf
Leverkusen, Köln
DB
1
2
3
40
42
44
52
52A
223
224
227
231
516

F
G
H
GELSEN-
KIRCHEN
Erle
Emscher
Schalke
Bismarck
GE-Bismarck
Bulmke-Hüllen
eldmark
Gelsenkirchen Hbf.
Ückendorf
Röhling-hausen
HER-Crange
HER-Wanne
Wanne-
Eickel
Baukau
Kr. Herne
HER-Horsthsn.
HER-Baukau
HERNE
Herne
HER-Eickel
BO-Riemke
Hofstede
Grumme
BO-Zentrum
BO-Ruhr-Stadion
BO-Freudenbergstr.
BO-Hamme
Günnig-feld
Watten-scheid
BO-Watten-scheid-West
BO-Wattenscheid
BO-Dückerweg
BO-Stahlhausen
Bochum Hbf.
Gelsen-kirchen
BOCHUM
Sevinghausen
Eppendorf
Weitmar
Steele
Freisen-bruch
Höntrop
Eiberg
Brenschede
Horst
Villa Vogelsang
Dahl-hausen
Linden
Hinsel
Überruhr-
Sundern
Stiepel
Mintrop's Burghotel
Burgaltendorf
-Holthausen
Byfang
Mineralien-museum
Schifffahrtslinie „Weiße Flotte"
Kupferdreh
Museums-landschaft Deilbachtal
Bökenbusch
Wall-michrath
chrath
Dortmund
1
2
3
4
5
6
7
Wesel
Xanten
Dorsten
Marl
Datteln
Werne
HAMM
RECKLINGHSN.
Rheinberg
Geldern
BOTTROP
GELSEN-KIRCHEN
Kamen
Unna
OBERHAUSEN
DORTMUND
MOERS
ESSEN
WITTEN
Menden
DUISBURG
MÜLHEIM
BOCHUM
KREFELD
HAGEN
Iserlohn
WUPPERTAL
Gevelsberg
Schwelm
NEUSS
DÜSSELDORF
REMSCHEID
Lüden-scheid
MÖNCHEN-GLADBACH
SOLINGEN
Dormagen
Bergisches Land
LEVERKUSEN
BERG. GLADBACH
Gummers-bach
Bergheim
KÖLN
Waldbröl
Kerpen
Ruhr
Rhein
Lippe

I
Universität
An St. Marien
Nieder-str.
Sederoth-str.
Schlosserstr.
Stahlstr.
Mittel-
Nordhofstr.
Zollamt
Agentur für Arbeit
IKEA
Berliner Pl.
Berliner Platz
Altendorfer Str.
Colosseum
Cinemaxx
Ostfeld
Kurz-
Joss-str.
Friedrich-
Lim-becker Pl.
Westviertel
Frohnhauser Str.
Ottilienstr.
Hans-Böckler-Str.
Mudia Art
Schwanenkamp-
Schmiedestr.
Burgfeldstr.
Jägerstr.
H.-A.-Herrha
Renner-Pl.
Lazarett-
Städt. Verw.
Lichtstr.
Akstr.
Max-
Schausteller-museum
Hache-
Bert-
Brecht-
Geibelstr.
Bismarckplatz
Schederhof-str.
Münchener Str.
Deutsche Telekom AG
Am Fernmeldeamt
Finanz-amt Ost
Sachsenstr.
Friedrich-
Krupp-Str.
Mühlheim
Lenau-
Walter-Hohmann-Str.
An St. Ignatius
Jugend-zentrum
Planckstr.
Holsterhauser Str.
Stobbestr.
Moltke-
Kaupen-
Gemarkenstr.
Goethe-
Ruhrland-museum
Bismarck-
Gemarken-platz
Kahr-
Museum Folkwang
Brunostr.
Langen-
Albrechtstr.
Dennstrathkamp
Alexander-
Finanzamt Süd
Kahrs-
Adolfstr.
Kloster
Krawehl-
Korthüm-
Beckstr.
Bertoldstr.
Cäsar-
A.Rüttensch. Stern
JVA
Erzhof
Arb.- u. Land.-Sozialgericht
Zweigert-
Rüttensch. Stern
Christophstr.
Polizei-präs.
Finanzamt Süd
Alfred-
Rüttenscheider Str.
Buschersstr.
Allee
Martinstr.
Haumann-
Mooren-
Hans-Luther-
Martinstr.
Lorenz, Mörchens Eiscafe, Raum.Eins, Hotel Savoy, Satiricon Theater
Elf F

# MERIAN-Stadtplan
# ESSEN

**Sehenswert**

Alte Synagoge ........ L 2
Baldeneysee ........ D/E 5
Basilika St. Ludgerus ........ D 6
Brehminsel ........ D 6
Grugapark ........ D 5
Halde Schurenbach ........ D 2
Hespertalbahn ........ E 6
Kettwiger Stadtwald ........ C 6
Korte Klippe ........ E 5
Luciuskirche ........ D 6
Margarethenhöhe ........ D 4/5
Münsterkirche ........ K 2
Nikolauskirche ........ E 3
Ruine Isenburg ........ D 5
RWE-Turm ........ L 4
Schloss Baldeney ........ D 5
Schloss Borbeck ........ C 3
Schloss Schellenberg ........ E 5
Unperfekthaus ........ K 2
Villa Hügel ........ D 5
Zeche Carl ........ D 2
Zeche Helene ........ D 3
Zeche Zollverein ........ E 3
Casino Zollverein
red dot design museum
Triple Z

**Museen, Theater**

Aalto-Theater ........ K 4
Colosseum-Theater ........ I 2
Das kleine Theater ........ K 2
GOP-Varieté ........ K 1
Grillo-Theater ........ K 3
Markt- und Schaustellermuseum ........ I 3
Mineralienmuseum ........ E/F 6
Museum Folkwang ........ I 6
Museumslandschaft Deilbachtal ........ F 6
Philharmonie ........ K 5
Ruhrlandmuseum ........ I 5/6
Satiricon Theater ........ I 7
Stratmanns Theater im Europahaus ........ K 2
Theater Freudenhaus im Grend ........ E 4

Autobahn
Autobahnähnliche Straße
Fernverkehrsstraße
Hauptstraße
Nebenstraße
Kirche, Kloster
Synagoge
Burg, Schloss; Ruine
Theater
Museum
Denkmal
Information
Flugplatz
Parkplatz
Bahnhof
S-Bahn
U-Bahn
Fußgängerzone

© MERIAN-Kartographie

## Daten

**Fläche** 210,4 km², davon 44 % Landschafts- und Freifläche.
**Einwohner** Mit 585 129 Einwohnern ist Essen die siebtgrößte Stadt Deutschlands. Auf jedem km² leben 2779 Einwohner.
**Geografie** Essen liegt am Südrand der Westfälischen Bucht und im Zentrum des Ruhrgebietes auf 7° 1' 0" östlicher Länge und 51° 27' 0" nördlicher Breite. Die mit 202,5 Metern höchste Erhebung des Stadtgebiets befindet sich in Heidhausen, die tiefste Stelle in Karnap misst 26,5 m über Normallnull. Die größte Ausdehnung des Stadtgebiets beträgt in Nord-Süd-Richtung 21 km und in West-Ost-Richtung 17 km.

## ANREISE

### Mit dem Zug

Essen ist hervorragend per ICE, IC oder EC zu erreichen. Innerhalb des Ruhrgebiets und entlang der Rheinschiene bis Düsseldorf ist der Verkehrsverbund Rhein-Ruhr (VRR) für Regionalexpress, S- und U-Bahn, sowie Straßenbahn und Bus zuständig. Die Essener Verkehrs-AG (EVAG) ist Mitglied im VRR, dort bekommt man Fahrplanauskünfte zentral.
**Bahn: Tel. (018 05) 118 61**
**www.bahn.de**
**Verkehrsverbund Rhein-Ruhr**
**Tel. (018 03) 50 40 34**
**(0,09 €/min.), www.vrr.de**

### Mit dem Auto

Drei Autobahnen durchkreuzen Essen: Die A40, der Ruhrschnellweg, ist die Hauptachse des Reviers und von Dortmund über Essen nach Holland. Nördlich parallel dazu verläuft die A 42. Beide werden im Westen geschnitten von der Nord-Süd-Achse A3 und in Essen selbst von der A52, die allerdings nur Richtung Düsseldorf gut ausgebaut ist und nördlich der A40 zur B224 schrumpft.

## FAHRRADVERLEIH

### Zeche Zollverein XII

**Revierradstation im Container**
**Gelsenkirchener Straße 181**
**45309 Essen, Tel. 830 36 36**
*1. April - 31. Okt., tägl. 10 - 18 Uhr*

## INFORMATIONEN

### Touristikzentrale

**Am Hauptbahnhof 2**
**Tel. (02 01) 194 33**
**und Tel. 887 20-48**
**Fax (02 01) 887 20-44**
**touristikzentrale@essen.de**
*Mo - Fr 9 - 17.30 Uhr*
*Sa 10 - 13 Uhr*

### Route der Industriekultur

Alle Informationen zur Route der Industriekultur sind auch im Besucherzentrum Zeche Zollverein wie auch im Internet zu bekommen; sinnvoll ist es, sich dort den kostenlosen Entdeckerpass und einen Veranstaltungskalender zu bestellen.
**Gelsenkirchener Straße 181**
**45309 Essen**
**Tel. (01 80) 400 00 86**
**(Route der Industriekultur)**
**www.route-industriekultur.de**
**info@route-industriekultur.de**
*1. Nov. bis 31. März*
*Mo-So 10-17 Uhr*
*Fr 10-19 Uhr, 1. April-31. Okt.*
*Mo-So 10-19 Uhr*

### Ruhrgebiet Tourismus GmbH (RTG)

Tourpakete, umfassende Hotellisten und andere nützliche Informationen rund ums Revier gibts bei der RTG, Broschüren werden auf Anfrage zugesandt. Vieles preiswerter macht die hier erhältliche RuhrTopCard.
**Service-Center**
**Gutenbergstraße 47**
**Tel. (018 05) 18 16 10**
**(0,06 €/30 Sek.)**
**www.ruhrgebiettouristik.de**

### Themenrouten

Informationen zu 25 Themenrouten und zum 700 km langen Radwegenetz im Ruhrgebiet finden Sie im Internet. Ausführliche Broschüren und Karten kann man hier für 1,50-3,50 € bestellen.
**www.route-industriekultur.de**

## MERIAN | TIPP Entlang der blauen Steine

### Kulturpfad

Wer den Essener Hauptbahnhof verlässt, sieht sich nicht auf den ersten Blick von Kunsterzeugnissen umfangen. Wer allerdings auf die blau leuchtenden Glassteine im Wegepflaster achtet, dem erschließt sich der Weg zu bedeutenden Gebäuden der Industriegeschichte, er endet bei den Museen Folkwang und Ruhrland und unterwegs finden sich 21 Stationen, in denen Künstler der Stadt Ausdruck verliehen haben. Wir sind auf dem Essener Kulturpfad. Bedeutende Künstler wie Richard Serra oder Ulrich Rückriem haben die Skulpturen gestaltet, die im Stadtgarten und an anderen Orten des Weges zu sehen sind. Beschilderungen und Erläuterungstafeln weisen zusätzlich den Weg und geben Auskunft über Architekturen und Werke.

1. **Steile Lagerung, Max Kratz, Bronzeguss 1989**
2. **Bergmann und Hl. Barbara, Josef Enseling, 1953**
3. **Neandertal Line, Richard Long 1994/99**
4. **Springende Linie, Norbert Thomas 1996**
5. **Ohne Titel, Dolomitgestein, Ulrich Rückriem, 1987**
6. **Steinhaus, Ulrich Rückriem, 1987**
7. **Fee, Wilhelm Nida-Rümelin, 1905**
8. **Fünf Finger einer Hand, fünf Hände zum Pentagramm, Klaus Simon, 1987**
9. **Erdmaul auf dem Kinderspielplatz, Ulrich Falke, 1994**
10. **Standort, Wolfgang Liesen, Granit, 1987**
11. **Cello, Stephan Huber, Marmor, 1987**
12. **Unendliche Schleife, Max Bill, 1935/1953**
13. **Dynamik, Ladis Schwarz, Bronze 1990**
14. **Umraum, Timm Ulrichs, Beton und Stein, 1987/89**
15. **Drucklufthammer, Schmiede Zeche Carl Funke, 1921**
16. **Trecker, Ludger Gerdes, Metallguss 1987**
17. **Dislocator, James Reineking 1975/77**
18. **Schiffsketten, Friedrich Gräsel, 1972**
19. **Inverted House of Cards, Richard Serra, 1969/83**
20. **Treppe, Ulrich Rückriem, 1982**
21. **Schichtung, Thomas Lenk 1974**

## MERIAN | TIPP

**Theophanu**
Eine Dissertation im Fach Geschichte ist nur selten ein Stoff, der zum vergnüglichen Lesen zu empfehlen ist. Auch Torsten Fremers Arbeit ist nicht für den infotainmentverwöhnten Laien gedacht, sondern hochwissenschaftlich. Dennoch: Seinem Leitspruch, in der Geschichte „den Menschen aufzuspüren ... voller Leidenschaft, Feuer und Geist“, ist er in einem Umfang gerecht geworden, wie er bei einem 1000 Jahre alten Stoff nicht zu erwarten war. Was es im 10. Jh. für Theophanu bedeutete, als Äbtissin aus ottonischem Kaiserhaus aus eigener Entscheidung zu handeln, sich als Individuum in einem starren System zu behaupten und weltliche Macht auszuüben, zeigt Fremer eindrucksvoll. Natürlich sind etliche Passagen seiner Untersuchung so vertieft und mit so viel Material belegt, dass sie den Laien überfordern. Aber selbst für den Querleser, der manche Passage auslässt, entsteht das Bild einer Frau voller Leidenschaft und Feuer. Im Übrigen lohnt dies Büchlein auch deshalb die Lektüre, weil es sehr genau Schenkung und Bau der Essener Münsterkirche darstellt, die in einer Zeit, die sich unmittelbar vor dem Weltenende glaubte, ein steingewordenes Bekenntnis darstellt.

**Torsten Fremer: Äbtissin Theophanu und das Stift Essen. Gedächtnis und Individualität in ottonisch-salischer Zeit**
*Verlag Peter Pomp, Bottrop 2002, 19 €*

## ALLGEMEIN

**Essen** R. Felden, W. Kintscher, M. Maruhn, Ellert & Richter 2003, 9,95 € Etwas schmale, dafür aber gut geschriebene und anschaulich bebilderte Einführung in die Stadt mit Texten auf Deutsch, Englisch und Französisch. Nach der Lektüre weiß der Leser, wo der Mottek hängt.

**Gebrauchsanweisung für das Ruhrgebiet** Peter E. Hillenbach, Piper 2005, 12,90 € Nette und intime Beschreibung des modernen Revieralltags – wie er sein könnte und manchmal tatsächlich ist.

**Meine Fresse!** Herbert Knebel, Kiepenheuer & Witsch 2000, 7,90 € Uwe Lyko hat seinen Knebel nicht ohne Grund Altenessen verpasst, dem Panoptikum des Reviers. 65 mundartelnde Kurzgeschichten über Lebensgefahr am Baldeneysee, Bodybuilding bei Stachowiak und die tätowierte Bäckersfrau. Boh glaubse!

**Essen – Gesichter der Stadt 50 Stadtteile im Porträt** Wulf Mämpel, Kai Süselbeck (Hg.), Klartext 2004, 11,95 € Das wohl beste Buch, wenn man die Stadt in ihren vielen Facetten kennenlernen will. Überblick, Hintergrund und Atmosphäre jedes einzelnen Stadtteils in kompakter Form. Geschrieben von den Kennern der WAZ-Lokalredaktion.

## GESCHICHTE

**Essen – Geschichte einer Stadt** Ulrich Borsdorf (Hg.), Pomp 2002, 35 € Detaillierte Stadtgeschichte auf 592 Seiten im festen Einband, herausgegeben vom Ruhrlandmuseum. Trotz wissenschaftlichem Anspruch gut zu lesen.

**Die Krupps Durch fünf Generationen Stahl** Thomas Rother, Bastei Lübbe 2004, 8,90 € Vom jungen Alfred Krupp, der als Baron Schropp getarnt die englischen Walzwerke ausspioniert, bis zur finalen Fusion mit dem Rivalen Thyssen. Dazwischen zwei Weltkriege, soziale Errungenschaften und die Nürnberger Kriegsverbrecherprozesse. Die Geschichte Krupps ist auch in diesem Buch immer ein bisschen Stadtgeschichte.

**Zum Jubiläum**

**Die Gegenwart der Dinge 100 Jahre Ruhrlandmuseum** Mathilde Jamin, Frank Kerner, Verlag Peter Pomp, 2005 Die Dinge des Museums, geordnet nach nicht musealen Kriterien: Altes zu Altem, Schönes zu Schönem. Ein außerordentlicher Bildband.

## SERVICE

**Mountain-Bike-Touren rund um Essen** Reiner Schleifenbaum u. a., Mapsolutions 2001, 12,80 € Touren im Ruhrgebiet mit Ausgangspunkten in Essen, Bottrop, Mühlheim, Velbert, Hattingen und Bochum. Leider nur rudimentär beschrieben, dafür aber mit brauchbaren, herausnehmbaren Karten für jede Route.

**Mit Kids in Essen** Franz Wrenger (Hg.), Essen 2005, 9,50 € Sehr vollständiger Stadtführer für die gelungene Freizeit mit Kindern. Erstellt in Zusammenarbeit mit dem Essener Jugendamt. Erhältlich via Online-Shop (www.freizeitkids.de), Essener Verkehrbetriebe und in guten Buchläden.

**Ansichtssachen. Bilder von Essen** Sigrid Schneider (Hg.), Pomp 2002, 35 € (im Ruhrlandmuseum brosch. 25 €) Kohle, Einkaufsstadt und Freizeit des Revierbürgers: Thematisch geordnet zeigt dieser Band mit Bildern aus dem Archiv des Ruhrlandmuseums den tiefgreifenden Wandel der Stadt aus manchmal überraschender Sicht.

## KRIMI

**Anita Drögemöller und Die Ruhe an der Ruhr** Jürgen Lodemann, Diogenes 1975, nur noch antiquarisch Einen der ersten Romane, die im Ruhrgebiet der Kohlekrise spielen. Mit Kommissar Langensiepen schuf Lodemann einen schrägen Polizisten, der sich mit der Prostituierten Anita Drögemöller prima ergänzt.
Weitere Langensiepen-Krimis:
**Essen, Viehofer Platz** Steidl, 1997, 12,50 €
**Alles wird gut** Edition G. Braun, 1999, antiquarisch

## FILM

**Das Wunder von Bern** Regie: Sönke Wortmann, 2003 In Helmut Rahns Altenessen spielt die Rahmenhandlung des Films. Sie zeigt den Essener Norden in den Fünfzigern und begleitet den Triumph der Kicker mit einer rührenden Familiengeschichte. Nur dem Ex-Fußballprofi Wortmann konnte das gelingen.

**Helmut Rahn kickte nur einmal in Bern, sonst in Altenessen**